马克思研究丛书之七

马克思唯物历史理论

（德）亨利希·库诺　著
朱应祺　朱应会　译

中央编译出版社
CCTP
Central Compilation & Translation Press

图书在版编目 (CIP) 数据

马克思唯物历史理论 / (德) 亨利希・库诺著;
朱应祺，朱应会译 . -- 北京：中央编译出版社，2022.5
（马克思研究丛书）
ISBN 978-7-5117-4037-3

I. ①马… II. ①亨… ②朱… ③朱… III. ①马克思
主义哲学—历史唯物主义—研究 IV. ① B03

中国版本图书馆 CIP 数据核字（2021）第 217320 号

马克思唯物历史理论

责任编辑 张 科
责任印制 刘 慧
出版发行 中央编译出版社
地 址 北京市海淀区北四环西路 69 号（100080）
电 话 （010）55627391（总编室） （010）55627362（编辑室）
（010）55627320（发行部） （010）55627377（新技术部）
经 销 全国新华书店
印 刷 北京文昌阁彩色印刷有限责任公司
开 本 710 毫米 ×1000 毫米 1/16
字 数 53 千字
印 张 10.5
版 次 2022 年 5 月第 1 版
印 次 2022 年 5 月第 1 次印刷
定 价 2888.00 元（全 9 册）

新浪微博： @ 中央编译出版社 **微 信：** 中央编译出版社（ID：cctphome）
淘宝店铺： 中央编译出版社直销店（http://shop108367160.taobao.com）（010）55627331

本社常年法律顾问：北京市吴栾赵阎律师事务所律师 闫军 梁勤
凡有印装质量问题，本社负责调换，电话：（010）55626985

馬克斯研究叢書之七

馬克斯
唯物歷史理論

柯諾原著　朱應祺、朱應會合譯

上海
泰東圖書局版
1930

譯者小引

本叢書譯自德人柯諾氏（Heinrich Cunow）所著『馬克斯的「歷史」「社會」及「國家」理論』（Die Marxiche Geschichts Gesellschafts und Staatstheorie）的第二卷第六章。原名「馬克斯的歷史理論」。因他的理論，是以物質爲人類思想的中心，以經濟做社會制度的基礎，所以就標名爲「馬克斯的唯物歷史理論」。但馬克斯把他的「歷史理論，」定名爲「唯物史觀」的原因，並非說人類的行爲，完全根據於物質的動機；實是因社會的物質生活過程，可做社會精神生活的基礎。我國近來，研究唯物史觀的書籍，坊間所出，名目雖殊；然千部一腔，別無發揮透澈之處。其中闡明馬克斯的唯物史觀精義的固然很多，而曲解了他的，亦復不少。本書著者柯諾氏，是德國的碩學，而研究馬克斯的泰斗。他說明馬克斯的學說，純是根據哲理，再加批評。一方指摘馬克斯的錯誤；他方駁詰馬克斯批評家的曲解。是其是，非其非，絕無左袒辯護的地方。例如，第四章裏面，指摘「馬克斯最初過重於經濟的事實，而演繹政治，法律，及其他觀念」的錯誤。又如第九章內，對於馬克斯批評家的見解錯誤之點，詳爲駁論。此外，第八章裏面，說明經濟事實，如何變爲觀念要素的過程等，都很值得注目的，所以把他譯出，以餉馬克斯學說的研究者。

中華民國十七年八月二十六日譯者識於申江

馬克斯的唯物歷史理論總目錄

馬克斯的唯物歷史理論細目

第一章　社會的物質過程決定社會的精神過程

如果不徹底滲透馬克斯的經濟概念及馬克斯的社會概念決不能完全了解馬克斯的歷史理論——生產力的變化——生產力的變化使生產方法社會的生計供給及社會構成份子間的經濟交互關係同時變化——法律關係是什麼？——生產關係和法律——社會秩序，國家秩序，及法律秩序——生產方法和生產關係決定國家秩序政治生活——生產方法

間接的決定種種觀念形態（Ideologie）——總結

第二章　法律秩序以經濟秩序爲前提

爲什麼法律秩序以經濟發展過程爲基礎呢？——經濟和法律的關係是一種因果關係而非實質和形式的關係——事實的證明——反對唯物史觀的人主張說：「法律雖以經濟爲基礎但刑法和訴訟法則不然」——這種錯誤的主張之所由來——刑法是如何發生及發展的呢？——訴訟法又是如何發生及發展的呢？——法律的上層建築是漸次建立於經濟構造上面的

第三章　法律秩序與經濟秩序

法律秩序取決於經濟方法——法律秩序和經濟秩序相對應——社會的經濟分化之後，法律秩序和法律利益及法律觀也同時分化——法律改革以現存法律秩序爲前提——法律問題及解決該問題的手段都是取決於現在社會的生活過程

第四章　經濟與觀念體(Ideologie)

唯物史觀的一個駁論——從經濟事實及經濟利益決不能直接演繹各種觀念體出來——各種觀念體並非各自獨立

的實是全體的一部分而且是相互結合的——社會的經濟構造是精神構造全體的基礎——恩格斯(Engels)關於唯物史觀有名的書翰——馬克斯及恩格斯的錯誤——恩格斯所謂上級觀念體的觀察——恩格斯於「社會主義研究」(Sozialistischer Akademiker)上所發表的書翰——刻勒斯克勞次(C. V. Kelles-Krauz)教授所觀察的各觀念體的互相關係——對於該觀察的批評——唯物史觀並沒有主張各種觀念體都直接由經濟方法而決定

第五章　宗教觀和經濟生活的關係

要怎樣才能够認識宗教的觀念和經濟生活的關係呢？

——兩者的關係看起來彷彿是不清楚因此招了許多誤解——第一實例；原始民族關於神的形態神的職能及禮拜樣式等宗教觀念的變化過程和經濟生活發展過程的關係——神的形態的說明——神的職能的說明——禮拜形式的說明——第二實例；食物禁止的觀念是如何發生及如何發展的呢——男女分業的結果所發生的食物禁止——太平洋諸民族中食物禁止的實例——食物禁止變爲宗教規定的經過

第六章　歷史上的觀念要素

對於唯物史觀的一個誤解——經濟事實如何能夠影響於歷史的行爲呢？——經濟事實和歷史行爲的關係不是機

械的——恩格斯在「費兒巴黑論」上的見解——馬克斯在「哲學之貧困」上的見解——「經濟學批評」上所謂唯物史觀的公式——歷史上的經濟要素和觀念要素決非本質上相異的對立物——本斯秦因(Bernstein)的見解和對於他的批評——斯坦摩拉(Stammler)教授的見解和對於他的批評——唯物史觀和唯心史觀的根本差異——關於此點恩格斯在「費兒巴黑論」上所論的見解

第七章　馬克斯和費兒巴黑(Feuerbach)

我們爲什麼必須闡明從費兒巴黑到馬克斯的發展過程?——黑智爾和馬克斯——費兒巴黑諸著作對於馬克斯的

影響——馬克斯給露格(Ruge)的書信——表現於「黑智爾法理學批評」書裏的費兒巴黑的影響——馬克斯表現於他的「神聖家族」裏面的見解——費兒巴黑的「暫定論綱」對於馬克斯和恩格斯的重要意義——馬克斯的歷史理論對於觀念(Ideologie)的解釋——費兒巴黑是「從黑智爾到馬克斯」的過渡要素——費兒巴黑怎樣的解釋人類呢?——恩格斯書信上面的費兒巴黑的批評——馬克斯的「費兒巴黑論」,對於費兒巴黑的批評

第八章　經濟事實變爲觀念要素的過程

恩格斯怎樣的解釋經濟事實轉變爲觀念要素的

？——觀念是取決於經濟方法然而是怎樣決定的呢？——雖說觀念取決於社會構造但不能說一切人類都是因知覺印象相同而思想見解也是相同——要之因果解釋依經驗範圍如何而有根本的差異——但在文化幼稚發展階段上研究相異民族的觀念是極爲困難的事情——依據唯物史觀各個經濟要素和該要素的複合物不是決定觀念的東西而決定的乃是歷史的經濟構造全體

第九章　利益和觀念體

社會構成份子對於社會的組織不是毫無關係的第三者；對於構成社會生活有某種利益——個人利益團體利益物

質的利益精神的利益——馬克斯果然說過：「個人利益或純物質的利益決定個人的見解」嗎？——馬克斯之所以把他的歷史理論定爲「唯物史觀」的理由——馬克斯底社會學上個人利益共同狀態利益和社會利益的關係——觀念體不是社會利益對立的反射也不是取決於利益衝突的東西——利益本身一般取決於生產關係——利益是存於經濟的生活條件和觀念體之間的中間要素——馬克斯批評家所提出不通的問題——社會主義歷史家比爾佛德巴苦思(Belfort-Bax)的誤解——考茨基(Kautsky)對於巴苦思的反駁——對於考茨基批評的批評——以天國的觀念神的觀念等爲中心證明利益對於宗教觀念體的作用——"Achtzehnte Brumaire"上面

所述馬克斯的見解

第十章　唯物史觀上傳統和天才的作用

「唯物史觀不承認天才和作用」的謬評是如何來的？——「經濟學批評」序說上馬克斯的意見——評論歷史上傳統的作用——評論歷史上天才的職能（功用）——斯坦摩拉教授的偉人觀——評駁錯誤的天才觀——對於倭丁（A. Odin）教授「天才的研究」的批評

馬克斯的唯物歷史理論

第一章　社會的物質過程決定社會的精神過程

如果不徹底滲透馬克斯的經濟概念及馬克斯的社會概念決不能完全了解馬克斯的歷史理論——生產力的變化——生產力的變化使生產方法社會的生計供給及社會構成份子間的經濟交互關係同時變化——法律關係是什麼？——生產關係和法律——社會秩序國家秩序及法律秩序——生產方法和生產關係決定國家秩序及政治生活——生產方

法間接的決定種種觀念形態(Ideologie)——總結……

如果不能徹底滲透馬克斯的社會觀，社會和國家的關係，及不斷的生產和再生產過程——他們是社會的生活機能——等，就決不能理解馬克斯的唯物史觀，更切實的說，即經濟史觀。如果有人把馬克斯底社會概念當做是集合體概念，或把馬克斯底生產關係看做是單純的自然關係，或技術關係，那末，他當然不能明白馬克斯底歷史理論的構造全部了。現在一般誤解唯物史觀的，多半是由於誤解馬克斯底經濟概念而來。

據馬克斯的見解：生產方法——馬克斯常力說這生產方法就是經濟方法全部——若起變化，那社會秩序，也當然會跟着他而變動。因爲，經濟關係，就是社會關係；社會經濟一有變動，那社會的生活秩序，也變換他的形態；所謂社會的見解，及解釋方法，也跟着他而變化的。所以首先起變化的，就是生產力，卽生產力在生產力的相互關係內，發生變化，或互相移動。以上這些變化的發生，並不一定要什麼勞動手段（工具）技術上的改良，卽社會勞動過程上所用的人類勞動力的強度增大，也可以惹起這樣的變化。不但如是，那使用勞動力的方法，（例如，比較發達的分業，或結合分裂力量的協業「註」等，）又或利用自然力的方法，（例如，增大利用天然水力，）只要稍有變化，都能惹起生產力的變化。生產力變化的種類，姑置勿論，但他的變化，常使生產方法及社會生活全體，起一種特定的變化；因而使社會構成份子間經濟的互相關係，起一種特定的變化，到是眞的。但是，這種相互關係，同時是法律關係。（參照：本叢書第一種「馬克斯的經濟概念」第28頁——譯者註）（這種相互關係，並非一定法律關係或法律狀態的前提條件，實是法律關係本身。）而法律全體，又是規定社會生活關係的形式，所以從生產方法變化所起的新法律秩序，就不外是社會共同生活的新秩序了。

（註）馬克斯在「資本論」裏面（第四版第二八九頁民衆版第二七三頁）說明：力量的結合，能夠發生「新力量」(Kraftpotenz)。茲引用如次：

「騎兵一中隊的攻擊力，或步兵一聯隊的防禦力，與各騎兵及各步兵個別的攻擊力及防禦力的總和，本質上，全然不同；同樣，各個勞動者的機械力的總和，與多數勞勵者在同一不可分割的工作上，同時工作時，如起重貨迴轉起重機，或除去障碍物等的社會力量，完全不同。但是，這種結合勞動的效力頗大，如果以個別的勞動來做這樣工作，是絕對不可能的。縱或可能，但也須要很久的時日，或只能够在小規模上做得到。要之，我們應當注意的：不獨是因協業而提高個別的生產力，並且協業本身，是一種能够創造生產力的集合力。

雖然如此，也不能說：生產關係，馬上就完全有某種特定的法律性質，或有強固的社會規律的資格，受社會公衆的公認。新生產關係，是由前時代的生產關係，漸次的，而且時常動搖的，生長出來的。這種新生產關係，並非馬上就有某種特定強固的經濟形態。

即在他（新生產關係）的法律形式上，也不能馬上就有強固的法律規範的性質；他（新生產關係）實在是經濟方法傳統的沈澱物，（即由前時代的生產關係　漸次發生的，——譯者）又是時常動搖的法律習慣；這法律習慣，也要漸次受社會公認，才能够變爲普遍的法律習慣。

但是，國家秩序是依社會秩序而決定的，爲什麼呢？用馬克斯的表現法來說：國家不外是在社會的政治施設上，或在一定社會發展階段上，所發生的社會的政治組織形態。所以國家的法律秩序，多半淵源於社會秩序，國家要想用法律的一部分來拘束他的（國家的）構成份子，或置於國家的強制之下，所以認可了這種法規。因此，社會秩序和國家秩序，雖不是完全同樣的東西，但社會秩序是國家秩序的基礎，任何人不能否認。

那末，生產方法，及由生產方法所發生的生產關係，也不用說是決定國家秩序的，而且決定政治生活的了。因爲，政治生活，也是和國家秩序及國家權力有關係的鬥爭。（現在的社會分裂爲種種階級，所以這種鬥爭，當然就是階級鬥爭了。）即如階級，都是經濟發展的產物，階級的性質，雖因時代而異，但是，依階級在全生產關係內部所占的特別的地位不同，所以他的性質也就不同了。

生產方法，直接決定社會秩序及國家秩序，間接則決定社會構成份子的見解及解釋。因爲，這種秩序，和歷史的互相關係，傳統，及經驗等，不唯構成社會的環境，而且構成社會的觀念複合體。人類生活於這種社會環境內，又從這種社會環境，尋出自己的特徵。再則他的社會生活條件全部，都是和這種社會環境相輔而行的；換句話說：人類在這社會環境內，都是跟着社會所賦與一定的生活及活動，而謀他的物質及精神生活的。

因此，生產方法的變遷，無論什麼時候，都可以惹起生產關係，社會秩序，及國家秩序等的變遷。更進而惹起政治上，哲學上，宗教上，藝術上的見解的變遷。用馬克斯的話來說：卽，觀念形態(Ideologie)的「上層建築」(Ueberbau)是跟着經濟基礎的變化，而緩緩的，或急激的變化的。

第二章　法律秩序以經濟秩序爲前提

爲什麼法律秩序以經濟發展過程爲基礎呢？——經濟和法律的關係是一種因果關係而非實質和形式的關係——事實的證明——反對唯物史觀的人主張說：「法律雖以經濟爲基礎但刑法和訴訟法則不然」——這種錯誤的主張之所由來——刑法是如何發生及發展的呢？——訴訟法又是如何發生及發展的呢？——「法律的上層建築是漸次建立於經濟構造上面的」

法律秩序，卽社會編成的法律，及國家編成的法律，他的本質上至少也有一部分，是以經濟的發展爲基礎；這是多數社會學者及法律學者等一致承認的。因爲，如果經濟關係能夠規定，開宗明義第一章，就必須有法律秩序的發生；換句話說：法律關係，就不得不由經濟發展過程發生。那種還沒有成立的社會關係，當然不能夠規定，而且不能夠以法律去規定他。例如，沒有牧畜生活及牧場的地方，當然沒有所謂牧畜法；沒有農耕的地方，當然沒有農耕法；沒有交換及貿易的地方，當然沒有商法；沒有航海的地方，當然沒有航海法等等。但經濟狀態，雖有變化，也非馬上就會發生法規，或馬上就會取那自由的法律習慣或一律習慣的形態而發生的。法律習慣，在社會生活過程內，只能夠成爲反覆的慣行法律。所以經濟方法必定先發生變化，而後才發生那新法律習慣。換句話說：經濟和法律的關係，是一種因果關係，並非如路德福、斯坦摩拉（Rudolf

Stammler）氏在他的「經濟與法律」（Wirtschaft und Recht）裏面所主張的，只是實質（Materie）和形式（Form）的關係。經濟狀態，一旦變化，斷沒有馬上就會發生新法律關係的。例如，狩獵或漁撈移住民的婦人，在河畔地方，栽培蘋科植物及球莖植物之後，不能馬上就獲得耕地權。他們對於這種土地和土地上的收穫，是否有什麼權利的法律問題，這時候，是完全沒有表現出來的。其後，他們對於土地的收穫，提出某種要求，因彼此相爭，才逐漸成立某種特定法律習慣；這種法律習慣，又漸次受公衆承認或遵守，然後才成爲眞正的法律習慣。不用說，新發生的法律，是以某種既成的舊法律爲前提；如果沒有某種形式的規律，那共同生活共同狀態的生活，都是不可能的。如果上述游牧民團體，在特定的領域內，沒有某種公認的權利，或這個領域，不當做是他們自己的共有土地，那末，這游牧民團體的婦人們，當然不能够耕作該土地，而且利用他了。但是，這種共有權，是和耕作結果所發生的特別用益權完全不同。在社會發展過程中，新法律常以舊法律爲前提，即新法律完全是淵源於舊法律。這種例證頗多，現在也不遑枚舉了。

法律是以經濟爲基礎的事實，連多數反對唯物史觀的人，都承認了。但是他們又說：「法律不是全部都以經濟爲基礎，不過一部分罷了。換句話說：以經濟爲基礎的法律，本質上是說所有權法或物權法，又親族法或遺產法等，是以經濟爲基礎，而身分法中，有些也許以經濟爲基礎；但，刑法，尤其訴訟法等，則完全不以經濟爲基礎了。」

從馬克斯的見地來觀察：這都是只注意法律範圍的外觀而沒有把法律範圍內部的關係，認得清楚的見解。我們今日雖把法律種類，和法律範圍區別過了，但各法律種類，決非爲他自己而分類的，或和他種法律全然無關的種類。換句話說：這種特殊的法律種類，是絕對沒有的。一切法律種類，都是有互相密接的關係，而且在他的全體，也是常和社會的經濟過程互相關聯的。即，和社會不斷的獲得自己的生活方法及式樣，互相關聯的。法律種類，不過有下記的差異：所有權法，是從經濟組織直接發生；而他種法律，如刑法，或訴訟法，是間接和經濟方法相關聯，即因各種因果媒介物，而和經濟方法相關聯的。

我們追溯刑法的起源，究竟是如何發生的呢？可以說是由擁護權利而發生的；又是因努力維持既得的物權，親族權，身分權等而發生的。例如，某游牧民族，制定了某種特定狩獵法的時候，如果有違反這法律的，就不唯被狩獵同業者驅逐，甚至加以暴行，（如毆打，殘傷等，）以強制嚴守他們的規定。例如獲得野獸有超過他所應得的分量時，這超過的分量，即完全被沒收。如果他不交出，則往往施以權力來執行這種沒收行爲。所以，他有時因爲犯了這種規定，竟受極重的笞刑。若是繼續的累犯，必定由共同狩獵團體，與以除名的處分。再則，如果他不遵守進行的秩序，或野營的秩序，或掠奪了他人的毛皮或武器，又或在和敵人爭鬥時殺戮自己隊伍等，都是嚴格的受刑事處分。因爲，他既是這游牧民的構成份子，就必須要遵守這游牧民所承認的法律。

「原始時代的刑罰，比較簡單；因爲，那時候的刑罰，大概是公開的譴責，肉體曝露，毆打，及傷害等，而且只是由共同狀態的一種排斥。但是，經濟一天一天的發展，那刑罰也一天一天的進化起來。例如，比較原始的民族，除了體刑之外，有種種傷害刑，烙印及名譽刑，死刑等，到了後來，又有追放，奴役，強制勞動，及罰金等。法律關係，一天一天的複雜，法律習慣，也一天一天的變化。那刑罰的種類，也當然跟着增加起來。除却毛皮，武器，器具等幾個所有權外，更發生土地，家畜，奴隸，家屋，家具，僕役，及生活手段的貯藏等種種所有權。因此，所有形態，一天一天的化爲複雜，那刑罰的種類，也一天一天的增加起來了。

原來，刑法的功用，是在維持由經濟方法所發生的法律秩序，及防衛這種法律秩序的侵害。如果共同狀態（團體）把某種特定的傳統法規，強制他的組成份子恪守，那末，同時必須適用某種強制標準，以防止犯罪；並且必須以某種形式，來懲罰犯罪者，才能够達到強制遵守的目的。刑罰及刑法，都就是從此發生的。刑法的效用，在於保護由經濟方法所發生的法律秩序；同時，刑法的構造，是由法律秩序而決定；又是和法律秩序的分化，同時分化的。我們從刑法的效用，就可以推想到刑法的構造了。因此，實際上，只要把刑法一看，就能够明白：刑法和經濟秩序，是關係如何密切的了。刑法不單決定犯罪是什麼，並且決定這種犯罪，應該科什麼刑罰；再則，刑罰的程度，和刑罰手段的種類，都是由此決定的。

訴訟法，也可以適用同樣的理論。在文化較低的時代，差不多沒有訴訟法這類的東西，而且也沒有刑事訴訟法和民事訴訟法的區別。就是在較高的文化時代，我們也常發見以下的事實：依訴訟手段，請求某種財產權時，被告受有不正當的科罰——這不正當是他應該賠償的——被告當然有告訴的權利。這樣，民法上的義務，不能不變爲刑法上的關係了。所以，原始民族中，某游牧羣或血族團體的構成份子，假使被人傷害了的時候，他非把自己或借血族團體或家族團體的助力，來實現他的權利不可。（因爲那時只以各個人爲他親族的一部分。）例如，在澳大利亞的游牧民族中，狩獵團體的構成份子，如果拿了超過他應得的野獸，或偸了他人分得的毛皮，骨，肉等，馬上就應該受其他構成份子的反對。但他們決不想出來干涉，也不開什麽法律評議會；即如要實現權利，都以爲應委之被害者，或有報復權及同族爭鬥權的友人。他們可以從惡漢手中，把不屬於惡漢的東西奪來，又可以毆打他或傷害他。縱然那復仇或報復，委之於被害者，但我們還可以知道：被害者復仇時，他也要有應當遵守的規則。例如，被害者不許把加害者殺掉，只許用一定方法，或棒打，或侮辱他；又或刺傷他的肉體的一定部分，及從一定距離，投槍殺傷他，或限於一定期間內復仇等等。

游牧民團體的刑事事件，當初只是關於團體本身，和團體生活安危問題的。例如，施行妖術，殺了該團體的構成份子，對於結婚道德的違背，（例如一定親等內的婚姻，）對於符號Totem（個人或種族的表記，用以代表氏族，現在北美土人，尙有用此者。——

譯者註。）規則的違反，戰鬥計劃的叛逆，及對於野營秩序的反抗等等。但是對於違犯這些規則的科律，又並非只根據意見而實行。對於違反游牧團體秩序的人，則科以一定的傳統刑罰，例如，依犯罪的輕重，或僅以棍棒及杖等，打撲犯罪者；或把他捆綁，然後用槍刺殺；或把他追放；又或把他充軍。因此，同時就構成一定行爲的規律。例如，在犯罪沒有一般的公知，或沒有調查清楚，尚未確定以前，告訴人必須提出證據手段（卽證人或發見物等）；又或告訴必須在一定形式之下提出；又或只許某游牧民的構成員（老人等）參加裁判；有些時候，一酋長或一「元老」作裁判長等等。

澳大利亞士人，尚有種種特殊的刑法及刑事訴訟手續法。這些法律，和文化的發展，並駕齊驅的擴大，而且有日增複雜的傾向。

所以，縱然刑法不是直接由經濟方法而決定，但也是由淵源於經濟方法的法律秩序而決定。而且，一定刑法的施行，當然有和他對應的課刑方法。用馬克斯的話來說：「逐日擴大的「法律的上層建築」，漸次建立於經濟基礎上面。」

第三章　法律秩序與經濟秩序

法律秩序取決於經濟方法——法律秩序和經濟秩序相對應——社會的經濟分化之後法律秩序法律利益及法律觀也同時分化——法律改革以現存法律秩序爲前提——法律問題及解決該問題的手段都是取決於現在社會的生活過程

綜上所述，一切時代的法律觀，依法律秩序而決定；而法律秩序，又依爲他基礎的經濟方法決定，毋庸疑義了。人類生於某種特定法律秩序之內，（如果准我們這樣說，）又可說是生於法律關係的某種特定複合體之內，長於這種法律環境之中。從這種法律環境中，即可發生法律觀念及法律動機。所以，如果要把經濟的事實，做爲法律觀察的對象，而且要合乎法律的形式，就非把他變成法律動機的形式不可。澳大利亞的黑人，所以不能想到原始的農業法，正因爲他們完全不知道什麼農耕現象。巴布亞（Papua 卽 New Guinea 新基尼）人所以沒有 Mark genossenschaft 的耕地法的法律觀念，正因爲他們沒有 Mark genossenschaft 這種組織。他方，古代德國的 Mark genossenschaft 構成員，也當然不會有今日工廠法，商法，或海法等種種概念。所以要先有某種特定的經濟秩序發生，而後和這秩序相對應的法律秩序，才能做考察，熟思，及思辯的對象，或做批評（或鬥爭）的對象。於是，各個人在社會的法律關係裏面，不但可以發見他的法律觀念的眞正基礎，還可以知道：社會的構成份子的特性，也是和社會的法律秩序，密切結合，而且和法律秩序，同時生長的。因爲，他要營社會生活，所以必須和這種法律秩序，密切的結合。

在今日資本主義社會中，有種種法律觀念，互相對立，是什麼緣故呢？就是因爲在資本主義社會的內部，如種法律觀念，不受法律觀的材料全體的影響，只受材料的特殊部分，或大或小的影響。例如農民對於工廠法，差不多漠不相關；而工業勞動者對於農業立法，也是一樣的。加之，一切社會構成員，完全沒有平等的法律利益。因此，社會上，不唯個人利益，不能一致，卽團體利益，也是多種多樣的。因爲，團體，（或一定的共同狀態，）如家族、階級，職業，共同團體，國家，民族，以及教會等，都是由個人集合而成的。一切的共同狀態，都各有各的共同利益。社會上，經濟的分

化之後，那法律秩序，法律利益，和法律觀的複合體，也會跟着分化

但，原始社會，只有一個原始的法律上層建築。凡研究過自然民族的法律的八種學者，都知道以下的事實：原始遊牧民及血族共同社會的構成員全體，都生活於平等的經濟狀況之下，因此，對於法律觀，並無什麼差異的見解。

即如那偉大的法律改革者，他的法律思想，和他的努力，都是和現在的法律及法律觀念，有密切的關係。因爲他的革命主義，不但承認：支配的法律（大約是傳統的，國家規定的法律）中，有一部分，已不能適應那經濟發展的社會關係，而且否定那陳腐的，或「固定的法律，」並想把自己的見解，去規定那最適應於新經濟狀態的社會關係。但他雖想到現在的法律秩序中，有一部分已不合時

宜，或無拘束力，而他的思想，仍然是淵源於現在的法律狀態。所以，他想用來代那「不合時宜」或「陳腐」的法律，也不外是各種法律觀念的沈澱物。這種法律觀念，正是從他日常所見的社會關係的變化和社會組織的移動而來的。因此，法律問題的解釋，和該問題的解決手段，都是依他日常看見的社會生活過程而決定的。但他必須觀察這種過程，和理解這種過程，才能生出這種解釋。如果批評家從別種見地來考察，或解釋這種過程的別部分，那末，他也當然會有別的結論和要求了。

第四章　經濟與觀念體 (Ideologie)

唯物史觀的一個駁論——從經濟事實及經濟利益決不能直接演繹各種觀念體出來——各種觀念體並非各自獨立的實是全體的一部分而且是相互結合的——社會的經濟構造是精神構造全體的基礎——恩格斯 (Engels) 關於唯物史觀有名的書翰——馬克斯及恩格斯的錯誤——恩格斯所謂上級觀念體的觀察——恩格斯於"Sozialistischer Akademiker"上所發表的書翰——刻勒斯·克勞次(C. V. Kelles-Krauz)教授所觀察的各觀念體的互相關係——對於該觀察的批評——唯物史觀並沒有主張各種觀念體都直接由經濟方法而決定

唯物史觀，並非主張：一切觀念體，都是從經濟事實，和特定利害動機，直接演繹出來的學說。在社會的經濟組織上，該組織的各部份間，都有互相依賴的關係，有相互的統一，又有相互的影響；同樣，在精神生活過程上，該過程的各觀念體間，也有種種關係和影響。某種特定部分的政治，法律，道德，宗教，藝術，等觀念，並非各自從經濟過程直接發生，而獨自構成某種與他無關的觀念範圍；我們平素所說政治，道德，（倫理），法律等，種種不同的觀念，都是互相牽制，互相影響，而且互相決定的。例如，一般的社會道德，和宗教道德，互相關聯，而宗教道德，又和社會道德，有密切關係；再則，法律觀念，和那時代的倫理及政治觀念，又是互相關係互相影響的。諸如此類，不勝枚舉。因此，某種特定宗教的或倫理的命令或禁止，不一定能够從經濟的動機，直接說明出來。這種命令或禁止，想必經過了很長的途徑，迂回曲折，（如初爲社會道德，或在該宗教共同狀態內，早已認爲規範的某種國民的道德等，）才變成宗教的規定。至於那藝術觀念和藝術上的見解，以及藝術傾向和藝術樣式等，也當然不能從經濟事實，直接說明出來。因爲這些觀念，見解，傾向，及樣式等，形式上，和某種社交的及家庭的生活，關係極其密切；同樣，又和那時的宗教及倫理見解，互相關聯，而且他們的（觀念，見解傾向，及樣式等的，）特殊性質，是依這些見解維持的

所謂社會的經濟生活活動，在他的本身，是一種互相關聯的東西。並且是調和各個經濟機能，或統一他的東西。這種經濟生活活

動，是決定精神生活的全體過程，並沒有各種特定的思想範圍。我們所區別的政治，法律，哲學，宗教，美學，藝術，文學等，各種觀念複合體，其實，是互相結合，而成的一個全體系，而且是互相反應的。但是，如果我們追溯這種互相結合的究極關聯，那麼就可以發見：社會的經濟構造，是一切時代精神的全構造的基礎了。

因此，恩格斯關於唯物史觀的一封信（一八九〇年寫的，一八九五年十月載於「社會主義研究」（Sozialistischer Akademiker）裏，也說道：

「我和馬克斯只主張：唯物史觀「是說歷史上究極的決定要素，即是現實生活的生產和再生產。」如果有人誤解，說：「經濟要素，是唯一的決定要素。」那他就把這命題，化爲無意味的，抽象的，不合理的一句話了。經濟狀態，雖是一切東西的基礎，但是上層建築的種種要素，如階級鬥爭的政治形態，和階級鬥爭的結果，所發生的統治組織等，法律形態，及各種現實鬥爭反映於當事者頭腦上的東西，如政治，法律，哲學理論，宗教觀，和更加發展的宗教理論體系等等，都影響歷史鬥爭的經過，而且大半是決定歷史鬥爭的形態的。一切要素，都有這種交互關係，又有無數偶然的要素，於其間發生作用，（換言之，無數的事物，及偶然事件的內部互相的關聯，因爲離開太遠，而且不能證明他們，所以我們總以爲他們是本來沒有的，而忽略他們。）因此，遂必然的成了經濟的運動。如果不是這樣，那末，把理論適用於某種任意的歷史時期，豈不是比分解一次方程式，還要容易嗎？』」

恩格斯一八九三年七月十四日寄給麥林（Franz Mehring）信中，（該信載於「德意志社會民主黨史」第一版第二部第五六六頁。F. Mehring: Geschichte der Deutschen Sozialdemokratie）也是同樣的說法。馬克斯和恩格斯兩人，最初過於注重從經濟的根本事實，演繹政治，法律，及其他觀念的表象，及以這表象爲媒介的行爲，絲毫沒有想到這種表象是如何發生，而且如何互相反應，這是兩人都有過誤的地方。

但是，恩格斯在他的別種著作裏面，也曾大書特書的說明：哲學及宗教觀念中，和一般社會的生活關係，完全沒有什麼關聯的一樣。例如，他的「費兒巴黑論」（F. Engels: Ludwig Feuerbach und der

Ausgang dea klassischen deutschen Philosophie 1888,S,52)裏面說道：

「更上級的觀念體，換言之：和物質的經濟基礎，離開很遠的觀念體，取一種哲學及宗教的形態。於是，觀念和他的物質存在條件的關聯，就越發複雜起來。因許多的媒介物介乎其間，就越發變爲不明瞭了。但是，關聯仍然是有的。」

因此，如果馬克斯認定：經濟構造和歷史上偶然事件之間，有一種自然的關聯，那就錯了。這種歷史上偶然事件的大部分，最初是從某種觀念（道德動機，和法律動機，）發生，然後出現的。我們要研究這種觀念如何發生？而且和社會狀態或社會存在條件的相互關係如何的時候，我們才能够達到：「結局」，經濟關係，是歷史過程的基礎。

所以恩格斯發表於「社會主義研究」"Sozialistischer Akademiker"（一八九五年版）的一八九四年一月二十五日的書信中，有下記的一段：

『……所以，這並非經濟狀態自動的結果，（一般人糊裏糊塗的這樣思念）實是人類創造他們歷史的過程。而且是在支配人類的環境裏面，於既存事實關係的基礎上面，不斷的創造歷史。在這些關係裏面，——縱然人類如何受他種政治的和觀念的關係的影響，——結局的說來：經濟關係，是決定一切的要素，而且是很容易理解的要素。』

刻勒・斯克勞次(C. V. Kelles-krauz)教授，在第四次國際社會學大會上，很詳細的，講演觀念體的互相影響，互相依賴的性質。（參照「現代」(Neue Zeit) 雜誌，第二十卷，第二號，第五四九頁以下。）據克勞次的見解：社會生活全體，是依生產方法而限制及決定的。什麼緣故呢？第一，社會上人類智識的活動全部和志向，——包括我們所稱爲原始的藝術，哲學，宗教等的生活表示——都是以維持生命，和滿足物質欲望爲目的；第二，其後一切新物質欲望，都帶有社會的性質，而且要生產方法進步，才能够滿足這些欲望。但是，欲望是否能够得到社會的滿足的情形，又是決定這種欲望性質本身的東西。

生產方法，雖然決定社會生活全體，但社會生活關係，未必全體都直接由經濟事實而決定；又各個觀念複合體，不必各自獨立；再則，生產方法的變化，也不必馬上就影響於一切觀念體的範圍。

反之，各觀念體之間，到有交互關係和交互影響。人類的各種能力，如知覺力，感覺，認識，記憶，思辨等都是互相影響；因此由這些能力所發生的各種觀念複合體，如法律觀念，道德概念，和宗教等，也是關係密切，互相影響，互相補足，互相制限，而且互相修正的。

克勞次教授關於此點，敍述如次：

『最初，分業（或不分業）的體系，是依勞動管理的樣式，而使他直接適應於生產方法，——但，他方面，還有貨物的分配和循環的一種條件，——因此，貨物的消費體才適應於生產方法；和這種經濟組織全體，密切結合的，就是經濟道德及經濟的法律了。再則，家族組織及國家組織，是假家族法律，國家的法律，及道德等的助力，而和經濟道德，及經濟法律，所結合而成的東西。道德和法律的本質，就是依權力而公認及認可的社會組織。這社會組織，是自己構成的。換言之，是適應於生產價值的計劃的。他方，所謂學問，——如果學問不是道德，法律的，或一般的說來，不是自然發生的社會組織體系，——不外是生產上必要知識的全體。其後，無論那學問是怎樣的高妙，深遠，博厚，他的中心點，仍然是在於生產。言語一項，本是社會生產上不可缺少的手段，但他還沒有變爲藝術的範圍以前，還是構成「知識」的一部分的。至藝術一門，一方面，本是物質的生產，這有物質生產性質的藝術，和器具有密切關係；他方，一般的考察起來，藝術可以叫做「本能的道德，』或行爲和思想的一體系。這行爲和思想，使社會道德，對於個人的影響，越發加強。因爲在藝術上面，一切原有的功利基礎的痕跡，都要消滅，這種事實，是構成藝術的特徵的。」

我們讀了上文，當然馬上就會明白：克勞次教授把馬克斯的生產方法的概念，過於狹義的解釋了。而且他所說生產方法的基礎，就是器具（卽技術），更完全錯誤了。因爲，生產方法的基礎，除了器具之外，還有不少的人類勞動活動和自然力。關於連續的現象，也可以通用這種理論。但此處不必多說了。總之，這裏要鄭重聲明的是：唯物史觀的主張者，並沒有說過：「各種觀念體，都是直接而不是間接由經濟方法決定」的話。

第五章　宗教觀和經濟生活的關係

要怎樣才能够認識宗教的觀念和經濟生活的關係呢？——兩者的關係看起來彷彿是不淸楚因此招了許多誤解——第一實例：原始民族關於神的形態神的職能及禮拜樣式等宗教觀念的變化過程和經濟生活發展過程的關係——神的形態的說明——神的職能的說明——禮拜形式的說明——第二實例：食物禁止的觀念是如何發生？及如何發展的呢？——男女分業的結果所發生的食物禁止——太平洋諸民族中食物禁止的實例——食物禁止變爲宗教規定的經過

宗教觀念和宗教規則，往往經過道德和法律，國民習慣和國民風俗等，種種迂迴曲折的道路而發生的。因此，如果要認識宗教的觀念和經濟關係的聯絡，那就不唯應該詳細追溯經濟形態和觀念的歷史的變遷，並且須考求該民族和那發展階段上的心理及思考方法。因爲，考察因果的樣式，和統覺力及反省力相同，在各種相異的發展階段的諸民族，並非完全同一的。他的聯絡（關係），很是糢糊；實例頗多，如今且舉兩個出來：

例如，大洋洲的民族（亞美利加和阿非利加的民族，也是同樣），我們往往發見：他們的部族神和血族神，（這些都是符號團體的神靈）時常改變他們的形狀。例如，初爲沙魚，烏賊，鷗，及龜等，後來就變爲鷄，鳩，蝙蝠，野猪，及其類似物的形態。如果不知道該民族的心理，該民族的神話構成，及該民族的經濟發展過程，那就必定以爲：這種符號神的形態變化，不過是原始民族所幻想出來的玩意兒罷了。那不知道這些事情的人，總不把「這種變化，和經濟方法的變化有關係」的主張，放在心上；他們以爲：在近親的符號團體或村落團體中，往往有名稱相同，而屬性姿容各異的神靈，（例如薩摩亞島（Samoan Islands）的烏卜盧（Upolu）族，崇拜同一血族神，名叫摩沙（Mosso）的；但神的相貌，四村落都各不相同。）想從這種事實，證明這種幻想，沒有什麼和經濟形態結合的根據但是，實際上，這種神話的形態變化，（尤其相異的假表現，）是和生計獲得，有密切關係的。

一切原始民族，都以爲：符號或血族祖神的最重要的職能，是庇蔭他的血族和子孫。所以人類祖神，必須以他超越人類的力量，創造必要的食糧，給與子孫。

因此，在那不大注重狩獵，而以耕作爲供給主要生計手段的島嶼中部地方，使山芋，薯，南瓜，甘藷，及椰子樹等成熟，或供給適於結實，豐熟的雨水，及太陽等，都是符號神的任務。反之，在那以漁獵，航海，商業，或掠奪他部族，爲食糧獲得主要手段的海岸地方，庇祐他們，獲得豐富的魚類，平安的航行，及掠奪多量的分捕品等，就是神的最重要的職能。對於海裏的魚，有絕大的權力，而對於植物成長，沒有什麼權力的保護神，在那經營農耕的血族，有什麼用處呢？反之，以使土地產物及樹木果實成熟爲職能的符號神，在那漁獵村落，又有什麼用處呢？

職能的這種分化，又惹起禮拜樣式的分化。對於經營漁獵血族的（或部落的）符號神，——他們的姿容，或爲魚，或爲鱷魚，又或爲水禽等，——當然不能供奉一切農產物類。因爲他們不吃什麼農產物。供奉於他們的東西，如魚，甲殼動物，水禽類，尤其是人血和人肉（捕虜的犧牲）等，都是適當。反之，對於鷄，有袋動物，鵰等形狀的符號神，——他們都有使植物繁盛的使命，——就當然不能供奉魚類，也不能供奉甲殼動物等，只能供奉農產物。如果把農產物貢獻於魚神之前，那是冒瀆神靈了。卽這種物品，也不許拿到神廟去的。例如，科德靈吞（P. H. Codrington）氏，關於所羅門(Solomon)羣島中，佛羅里達（Floride）島的耕地神，敍述如次：（參照該氏著『美拉尼西亞人』（The Melanesians）第一三四頁）

「庭園神廷達羅斯（Tindalos），——符號神，——不許那食豚肉，魚，有袋動物，甲殼動物的人，進他的聖殿侮辱他　如果食了這種東西的，非等過了三日至四日之後，不能進去。」

魚神的聖殿，絕對不會建立於山頂，或森林裏面。因為，魚是水棲動物。澳大利亞有魚符號的血族，供奉魚神時，都是在河或海岸。他們把血族神食物的血，不注於空中，而流於水面；以為：要這樣，才能達到供奉的目的。因此，南洋民族中，經營魚，漁獵的村落團體，把神的殿堂，建築於海岸，絕壁，突出的海岬，或海岸前面的島上。反之，島內地經營農業的住民，把殿堂或禮拜所，建築於村落，及比栽培地稍高的丘陵，森林上面，或把他移入他們居住地方的正中。

為什麼會這樣的呢？例如，從前專事漁獵的移住民團體，因為某種事故，必須放棄漁獵全部或一部，而改業農耕或養豚，飼禽等，這時候，神的種類，或神的職能，都不能不分化。所謂某種事故，如敵人的侵侮，使他們不得不棄却舊居，而向內地找尋避難所；或他種部族及村落團體，把他們的魚產豐富的海占領了；又或移住民團體的急激增加；或漁撈物的減少等，使他們找尋更豐富的開墾地等等便是。因此，符號神的任務，又有一種新的出來了。從前他只須護庇豐富的漁撈，如今他就須庇祐山芋，薯的栽培，南瓜及椰子樹的繁殖，換言之：就是耕地和庭園的保護者了。這就是魚神變為耕地神的經過。但，這種新任務發生之後，和他的舊有魚的姿容，就矛盾起來。因為，魚神——據大洋洲人原始的見解，——不能招呼植物，監視菜類，而且保護果實。所以神的形態，就在該住民的觀念中，變了另一種形態。血族的傳說，謂：血族神已不是古昔的形態，另變了一種新形態，或新假現，所以到現在最能適應這種新職能，因此這種從前形態的變形就漸變爲這神的主要形態了。符號神的形態，有時因爲要盡保護子孫，或替子孫開闢新住所，常假裝別種動物的形態。這種假說，現已發生了。因此，經濟方法的變化，同時必引起血族神的職能和形態的變化；禮拜的變化，又必引起供奉神靈的物品的變化。如對於耕地神，現在已不獻納魚，甲殼動物，水禽類等，而供奉果物，雞等；並且犧牲和崇拜，已不是在島或斷崖上面實行，而在栽培地的正中，或丘陵上面實行了。

再舉一例：所謂自然民族（原始民族）的宗教上，往往有一種最普遍的規定，叫做「食物禁止」的。例如，禁止婦女和小孩不可吃某種食物；或某種食物，須用一定的方法吃他；或某種食物之內，不可混入某種食物，（例如，肉食料不可和植物食料相混）又裝菜和貯藏所用的器皿，只許盛一定的食物；或某種食物，必須用一定貯藏的火和灶，去調理他等等。一般人種學者，不知道原始民族的食物調理發展過程，和從這過程發生的飲食習慣，所以他們一遇着這些習慣，馬上就說：「這是由偶然的幼稚的幻想觀念發生的；或加些合理主義的解釋，說：「在一定樣式之下，調理出來的某種食物，是有害于婦人或小孩的；」又或說：「無論是何種禁止，都是從清潔這個理由而來的。」他們那裏知道：這些習慣，是從經濟發展，和與他有關聯的分業，（Arbeit steilung）所發生的呢？

在原始耕作和狩獵結合而成的生活階段，夫有供給動物食物的義務，而妻則有照料野菜食物的義務。夫和他的夥伴，出外狩獵，而妻則料理庭園，或栽培小地，蒐集野生果實。因有這種業務的分割，就使食物的調理，也分業起來。爲夫的不但狩獵野獸，而且須剝皮洗調，乾焙燒烤，才能拿來做食物。在這發展階段，狩獵者往往有一日，多至一星期，離開家鄉之事。他和他的夥友，出去狩獵大規模的野獸。在這期間內，他當然將他所獲得的野獸，調理食物。所以大概不能把出獵所得的野獸全部，都拏回家裏去，只能夠拏回一部分罷了。如果狩獵者以爲：野獸中，有無價值的，或容易腐敗的部分，就把他留於狩獵地。這就是使爲夫的不能不從事野獸的整頓和調理的事實。狩獵者一旦習慣了這種勞動之後，他在小狩獵所獲得的野獸，在還沒有處置之先，就把他拏回家裏，再行整頓或調理。簡單說來，即是爲夫的大概須擔任烹調動物的食品；他方，爲妻的，須栽培野菜，蒐集果實，及烹調野菜食物了。

以上一切事件的結果，夫和妻之間，就發生一種分業。這種分業，如今更擴大，變了廣汎的結果了。調理肉食品和調理菜食品。都各有他的處置樣式。例如，燒野獸的時候，把他用竹串或木棒穿起來；又或用粘土包着野獸，放進有火的土穴裏去；又或把樹葉蓋上，放在石岩間去烤焙等。反之，那根，球莖，或果實，則用熱灰去燒熱，或在那已有製陶業的地方，就用水來煮沸；或用脂肪去煎炒；又或從球莖及種子，製造一種粉末，然後把粉末放在石板上，或置於扁平容器內去燒焙；諸如此類，不勝枚舉了。但種種調理方法，必須有種種調理器具，而且第一必須要廚房和爐灶。因此，在這種階段的民族，夫和妻，都各有他的特殊的調理器具及爐灶。兩人各有他的樣式，所以不能在同一形式的爐灶上互相動作，調理食物。

這些事件的結果，夫妻對於他各自使用的器具，都有一種特別權利。如果夫使用妻的器具，或妻在夫的灶上烹調，又或女子烹調野獸，那末，雖不能說完全失禮，然亦認是不正當行爲。於是，我們就我們今日的情形來觀察，可以於自然民族內，發見同樣的現象。我們今日的情形，是女子管理廚房；如果男子掛着煮飯用的圍巾，在廚房裏面燒飯作菜，那就沒有丈夫的氣概了。多數原始部族，認定：夫代妻勞動，或妻代夫勞動，都是不名譽的行爲。夫妻兩人的器具，必須互相隔離；盛肉魚的器皿，不許和盛植物食品的菜盆，同時使用；不但如此，連把那些器具放在一堆，或一同掛在壁上，都是不行的。例如，郎格斯都夫（G. H. V. Langsdorff）氏，在他的『世界一周旅行指南』(Bemerkungen auf einer Reise um die Welt) 中，報告如次：

『……馬爾其薩斯（Marchisas）島住民，不許夫手觸妻的瓢，又不許妻手觸夫的瓢；夫的火，不許妻使用。如果妻用了夫所引的火，烹調出來的食品，妻自己也不能嘗一些兒，否則違反規則了。』

這種分業，還有一個結果：卽，不但夫妻兩人的食器，不許互相接觸，夫所烹調的食物，不許妻嘗一嚮；卽食飯時間，也有制限。夫妻不能同桌吃飯。夫只能一人或只許和成年的兒子同席；反之，做母親的，只許和女兒及幼兒同席。這時候，並無所謂「七年男女不同席」的禮教。一般只以爲：一性在異性面前吃飯，是不正當的行爲。因此，爲夫的，不但在家庭應該獨自吃飯，並且在別地方，如特別食堂，俱樂部，及集會所等，也應該獨自吃飯的。所以夫的獨自飲食，幾乎變了妻對夫的命令了。於是那男子烹調食品時，如果女子去看了，都是「不端莊」的舉動。男子烹調他的特別食物，都在那和女子遠隔的地方，或特別小房間內，以免女子的接近。因爲，男子食品的氣味，也可以害女子的健康。所以男女的分業，又完全變了夫的特別食料，和妻的特別食料的起源了。

例如在摩列士比（Melesby）灣（New Guinea）的諸部族，夫決不和妻一齊吃飯；夫和兒子吃過以後，妻才和女兒們同吃。在新逢麥綸（Neu-Pommern），一家族的男子和女子，決不同時吃飯；夫和兒子們，隨便吃飯，妻就和女兒們同吃。在所羅門（Solomon）羣島的北部地方，夫先吃，妻後吃。夫從狩獵回來的時候，不許妻嘗食的肉食物，如袋鼠，狐，等，——據武德福特（G. M. Woodford）氏的報告，——一些也不帶囘家裏去。他把那些野味，在森林中適當的地方，獨自烹調吃完就算了。同樣，費提（Viti）即（Fiji）島住民的男子們，互相離開吃飯。新喀利多尼亞（New Caledonia）島民，也是一樣，只許男子吃一定的肉食物。在愛法忒，（Efate, New Hebrides羣島）男子們在俱樂部吃飯。索晒厄替羣島（Society Islands）的男女，決不同食；男子的肉食物，大部分不許女子吃的。詹姆士威爾遜（James Wilson）說：『那些女子不許吃的食物，種類很多；她們能够吃的，就是她們自己所栽培而且烹調的東西。』

食料分爲動物食料和植物食料的結果後，最初，只有一種習俗的性質。所謂習俗的基礎，就是：如果那盛食料的器皿，沒有分別，那就是不好看，不潔淨，而且不恭敬了。但是，不久，又變了自然人對於神靈的不斷的恐怖。到了現在，如果有違反這種習俗的，就認爲將引起家中的不幸；或使男子的狩獵失敗，或使婦人斷絕生育等。因此，這種命令和禁止，就漸次變爲古昔傳統神的宗教食事律，而編入於宗教規定裏面去了。

如果我們探求發展過程的陳跡，那末，無論如何，都可以證明：宗教習慣和宗教規定，與經濟發展，有上述的聯帶關係。此外，還有幾個實例，以後再論罷。

第六章　歷史上的觀念要素

對於唯物史觀的一個誤解——經濟事實如何能够影響於歷史的行爲呢？——經濟事實和歷史行爲的關係不是機械的——恩格斯在「費兒巴黑論」上的見解——馬克斯在「哲學之貧困」上的見解——「經濟學批評」上所謂唯物史觀的公式——歷史上的經濟要素和觀念要素決非本質上相異的對立物——本斯泰因（Bernstein）的見解和對於他的批評——斯坦摩拉教授的見解和對於他的批評——唯物史觀和唯心史觀的根本差異——關於此點恩格斯在「費兒巴黑論」上所論的見解

根據以上各種實例，我們就可以打破那『唯物史觀，漠視歷史上的觀念作用，』換言之，卽打破『唯物史觀，只知道歷史上經濟事實的「機械的」作用』等種種見解了。因爲，這種見解完全是馬克斯社會學的誤解。馬克斯底社會學，是在人類歷史學上，研究人類活動的結果，和社會上人類行爲的結果的學問。而且，人類當他行爲的時候，是根據一定的表象和意欲而決定目的，經濟事實，如何能够影響於歷史的行爲呢？就是經濟事實，最初入了人類的意識範圍內之後，人類就知覺了這經濟事實，然後把牠（經濟事實）移於他的表象範圍內，更統覺了牠，把牠和他種知覺及經驗結合，卽把單純的直觀的統覺擴大，而爲「思想體系」或「目的表象」。最後一步，才根據這些事實，決定有意志的行動。那種人類不能意識不能入於人類表象範圍的，而且「人類不能認爲事物」（這是有名的成句）的經濟事實，決不能引起人類的意志。人類的知覺，認識，推論，及結論，也許有錯誤的地方，但經濟事實和歷史行爲之間，絕對沒有什麼純粹的機械關係。恩格斯在他的「費兒巴黑論」裏面，曾說過：聳動人類的一切東西，都必須經過人類的頭腦；現在把他引用如下：

「外界（自然）對於人類的作用，表現於人類腦海中，就構成感情，思想，衝動，意志，決定……等，約言之，即構成「觀念的潮流，」反映於腦中，而形成「觀念力」。這種人類一般都追求觀念的潮流，如果觀念力果能影響於人類，或竟攝人類變成了觀念論者，那末，只要理性稍爲發達的人類，誰都是生來的觀念論者了。』

我不懂解：爲什麼馬克斯的批評家們，多有說他不承認歷史上的觀念要素？馬克斯在「哲學之貧困」裏面，已經說過：一切概念和原理，不過是社會生產關係的「理論的表現，」或只是抽象的東西。該書第一〇一頁（第二章第一節注意第二——譯者註）有一段說：

「……但是，人類依他們的物質生產方法，而構成社會關係；又依他們的社會關係，而構成各種原理，理念，及範疇等。但這些理念和範疇所表現的社會關係，不是永久的；同樣，理念和範疇的本身，也不是永久的。牠們是歷史上一時的過渡的產物。」

「經濟學批評」序言裏面一節，是唯物史觀的有名的定義，該定義說得更爲透澈：

「經濟的基礎，一有變化，那巨大的上層建築全部，也必漸漸地，或急激地跟着變化。我們考察這種變化的時候，必須把經濟生產條件中，能够用自然科學方法，忠實論證的物質變革，和法律，政治，宗教，藝術，及哲學的諸形態，（或各種觀念形態）——人類依此，可以意識這種矛盾，而且和他實行最後鬥爭的，——互相區別出來。」

因此，各種理念，原理，動機，約言之，卽各種觀念要素，據馬克斯的見解，和所謂經濟要素，並非本質上相異的。前者（卽觀念要素）是後者（卽經濟要素）觀念的理解，是向觀念物的轉移，又是後者的思想形態——用馬克斯的話說來，——或觀念形態；人類在這種形態裏面，才能意識經濟事實和牠的變化。人類只能够在這種觀念形態裏面，理解經濟事實，而且和歷史上的經濟矛盾，實行最後鬥爭。

所以如果社會主義者們或所謂馬克斯主義者們，主張：「馬克斯認定歷史上有作用的東西，除了經濟要素以外，還有非經濟的觀念要素」；並說：「他還承認這種觀念要素，對於人類的行爲有極大的影響」，那就是大錯而特錯的見解，是狗屁不通的議論了。一般的說來，據馬克斯的見解，經濟事實，要在人類腦海中，轉換爲一定觀念的概念及動機之後，才能引導人類向某種意欲或行爲上面去。

例如，本斯泰因在他的「社會主義的諸前提」第七頁所說的一節，與可說是對於馬克斯的歷史理論絕無理解的。(Eduard Bernstein Die Voraussetzungen des Sozialismus) 如今把他引用如下：

『我們當然不能說：馬克斯和恩格斯把非經濟的要素影響於歷史經過的事實，輕輕的看過了。這是從他們初期的各種論文中，都可以看出來的。但是，影響程度（比例）到是問題了。換言之，不是承認觀念要素與否的問題，實是「非經濟的要素影響於歷史的程度」問題，或對於歷史有何種意義的問題了。』

從上述一節看來，本斯泰因明明是完全沒有懂得馬克斯所謂經濟要素和觀念要素的關係。據馬克斯說：經濟要素和觀念要素之間完全沒有排他的對立（性）關係。觀念要素，同時又能夠做經濟要素；所以，觀念要素，不外是把現實的經濟內容，多少隱蔽了的某種抽象的經濟要素罷了。

斯坦摩拉教授，雖不能說是唯物史觀的澈底信奉者，但他在他的「經濟與法律」第一版第七二頁內所說的見解，把「觀念的」要素和「物質的」要素的關係理解得比較透澈。（Rudolf Stammler: Wirtschaft und Recht nach der materialistischen Geschichtsauffassung. Leipzig 1896）他說：

「唯物史觀，並沒有主張：歷史上各種偶然事件，或有效無效的法律，都是從某種經濟原因直接發生出來的。唯物史觀，並沒有說過：各種宗教的和道德的觀念，一切意欲和努力，或科學和藝術的狀態等，都是從和他們對應的經濟現象，直接流出來的。

社會歷史的發展過程，是很複雜的過程。社會上一切特殊事故，並非只淵源於唯一的經濟原因。在人類社會，種種現象的發生和消滅之中，存着種種原因和結果，互相作用，互相影響，正和織布的一樣。我們敢斷定的說：「在那些特殊地方，除了物質的原因，即生理學所認識的人類欲望的因果性以外，還有一般所謂各種精神的決定原因，（這些原因的生理學的因果性，不能用科學方法說明。）同時存在；而且善和正義的觀念，宗教的表現，和一定精神的發達，對於一般的法律完成和人類社會生活的完成，都有重要的影響。」社會唯物主義者，想必不會反對我這種見解。如果他以為要維持他的根本原理，和從這原理演繹出來的社會科學的普遍妥當方法，必須反對我的見解，那他就錯了。

社會唯物主義者的原理如次：「人類的社會生活全體，是依機械的法則，用科學方法，解釋出來的統一體。」但是，如果要正當認識社會的人類存在，就必須分析社會經濟現象因果的發生過程。我們如果想用這種方法，說明一切社會現象，一定會碰着非常困難的過程。在這過程中，即如各種觀念的原因和某種特定人類的表象，都是活動的要素、但，那一切有原因作用的現象（原因），都可以說是他種原因的結果。所以如果我們在社會生活中，這樣的遡本求源起來，就可以達到人類生活和人類社會的存在所由立定的物質條件了。

因此，縱然我們在某種特殊地方，能够證明：某社會現象的最近原因，不是經濟條件，而是觀念要素，但決不能否定社會唯物主義者的理論。我們如果把因果的連鎖，一層層的分解，再把那原因統一的聯繫，完全認識後，那末，我們無論什麽時候，都會知道：他們是淵原於社會生活的基礎，換句話說，即是淵源於社會經濟。」

但，斯坦摩拉也有誤解了馬克斯的地方。他以爲：馬克斯的意思，是說社會生活，是「依機械的法則」解釋出來的統一體；他又以爲：馬克斯的主張，是說觀念原因，不外是包含於歷史經過的種種因果之內。其實，都不是這樣。社會上種種黨派，階級，身分，與夫集團的鬥爭，和歷史上各種鬥爭同樣，常是依觀念要素（原因，）而實行的。卽野外戰爭和市街戰爭的背景，也有所謂「發動的觀念，」或「觀念的原因」。所謂戰爭，用戰略家克勞則維次(Karl V. Clausewitz)的話來說，是：「訴之於強暴手段的觀念鬥爭的繼續」。據這種見解，所謂唯物史觀或經濟史觀，和唯心史觀，決不能有所區別。馬克斯的歷史理論，承認觀念的原因，動機，目的，衝動力等；但是，唯心史觀，把觀念的原因，當做單獨發生於人類頭腦中，而且淵源於人類理性，或「世界理性」的思想形成物。反之，純粹的唯物史觀，只在這種觀念的原因之內，看見了觀念的媒介物，或從經濟方法出發的各種因果作用中的媒介物。在倡導唯心史觀的人，觀念是第一次的，是歷史事實的究極原因；反之，在馬克斯主義者，觀念是第二次的，是受經濟構造支配的。各種觀念，是社會發展過程——人類生活於其中，活動於其中，——所創造的思想產物。我們雖不能否定：觀念要素，作用於人類腦海中，才發生人類行爲；但觀念要素本身，還是從社會環境結成的。如果我們探求這種作用的一切根本原因，我們必定知道：作用的根本基礎，還是經濟構造了。

恩格斯在他的「費兒巴黑論」裏面，把唯心唯物兩見解的差異，簡單的敍述出來了，他說：

「各人都追求自已獨特意識的目的。因此，人類就或善或惡的，創造他們的歷史；這些種類不同的意志，向種種方面發展，與夫這些意志，對於外界所引起的結果，就構成歷史。所以，「多數個人所意欲的是什麼？」是很重要的問題。意志，是由情熱（感情）或熟考而決定的。但反轉來說，直接決定情熱或熟考的助力，也有很多種類。這些助力要素的某部分，也許是外界的對象；他部分，也許是觀念原因，如名譽心，「對於眞理和正義的感激，」個人的憎惡，或各種純粹的個人妄想等。但是，一方，活動於歷史上面的多數個人意志，大部分，和意欲的結果，完全不同，甚至適得其反；因此，個人意志的原因，對於全體的結果，只有從屬的義務；他方，這種原因的背後，有什麼原動力？這種原因，在行爲者腦中，所以成立，是根據什麼歷史的理由？這都是必須討論的問題。

舊唯物論，並沒有提出這種問題。所以舊唯物論的歷史觀，——因爲他只有這種歷史觀，——本質上，是實用的；以行爲的動機，批評一切人類；分歷史上活動（行爲）的人類，爲貴賤兩種；遂發見一種原則，說：貴人是受人愚弄的，賤人是愚弄人的，或是勝利者。其結果，在舊唯物論方面，很少歷史研究的材料，而在新唯物論方面，於歷史的範圍內，就對於舊唯物論又生出疑竇來了。因爲，舊唯物論把歷史上活動的觀念衝動，看做是究極原因，而不研究那觀念衝動力背後究竟有什麼？這種衝動力的衝動又是什麼？種種問題。舊唯物論的不澈底，並非因爲他沒有承認觀念的衝動力，實是因爲他沒有更進一步，追溯那衝動觀念衝動力的原因。反之，黑智爾(Hegel)所代表的歷史哲學，認定：人類在歷史上活動的各種動機，決不是歷史事件的究極原因，而且斷言：各種動機的背後，還有必須探求的他種動力存在。但，那歷史哲學，又不在歷史裏面探求這種動力，而從外部，卽哲學的觀念中，把這種動力輸入歷史裏面。例如黑智爾說明古代希臘歷史時，並不從他（歷史）固有的內部聯繫，去說明他，只說希臘歷史，是「美滿個性形態」的形成物是「藝術」本身的實現。這時候，他雖說及古代希臘人如何的美滿，和如何的深沈，但在如今的我們，當然不能滿足這種獃人說夢的說明了。

因此，結局的說來，如果我們必須探求存於歷史上，活動人類的原因背後，——意識的或無意識的，而且大概是無意識的，——而且構成歷史上本來的究極衝動力的原動力，那末，那剌戟各個人——無論他怎樣偉大，優秀，——的原動力，到不成問題、而那聳動大衆，全民族，或一國民中全階級的原動力，到很重要。而且那原動力，和一時的閃電，或一陣就化完了的蘖火不同，不唯永久不會消失，並且變爲永續的行動，貫流於大歷史的變化上面。所以，如果我們闡明現在活動的大衆和他們的指導者（即所謂偉人）腦中種種形態，（或明瞭，或不明瞭，或直接的，或觀念的形態，又或取天界形態，而反映爲意欲原因的。）的起源原因，那末，這就是追溯支配全歷史，各時代，各國家，歷史法則的唯一道路了。」

第七章　馬克斯和費兒巴黑(Feuerbach)

我們爲什麼必須闡明「從費兒巴黑到馬克斯」的發展過程？——黑智爾和馬克斯——費兒巴黑諸著作對于馬克斯的影響——馬克斯給露格(Ruge)的書信——表現于「黑智爾法理學批評」書裏的費兒巴黑的影響——馬克斯表現于他的「神聖家族」裏面的見解——費兒巴黑的「暫定論綱」對于馬克斯和恩格斯的重要意義——馬克斯的歷史理論對于觀念(Ideologie)的解釋——費兒巴黑是「從黑智爾到馬克斯」的過渡要素——費兒巴黑怎樣的解釋人類呢？——恩格斯書信上面的費兒巴黑的批評——馬克斯的「費

兒巴黑論」對于費兒巴黑的批評

有人以爲：馬克斯底唯物史觀，否定歷史上的觀念作用，或觀念要素的作用；這種假想，是沒有懂得馬克斯的思想，超乎費兒巴黑之上，並且是沒有理解馬克斯的歷史理論所由來的發展經過而起的。

馬克斯主義，以黑智爾的歷史哲學爲出發點，業已屢次說過了。（參照本叢書第一，第二，及第三種）據他一八四一年春所寫的博士論文：「德謨頡利圖的自然哲學和伊壁鳩魯的自然哲學的差異」(Differenz der demokritischen und epikuraischen Natürphilosophi)（參照「馬克斯及恩格斯遺稿集」第一卷，——譯者。）看來，他的態度，完全是黑智爾學派——這派主張在歷史發展過程中，完成人類理念和世界精神——的純粹觀念論者。他的初期論文，也是這種主張。但是，有幾種論文，暗示黑智爾的「概念」，已不是抽象物，在這概念內部的聯繫中，必須做爲「社會的理性」而理解他。其結果，諸理念的社會的結合，卽依社會生活而決定的見解，又在馬克斯腦裏生出來了。

例如，該論說的一種裏面說道：(Gesammelte Schriften von K. Marx und F. Engels I Bd S. 267)

「但是，從前哲學的國法學者，都以爲國家觀念，是由衝動構成的，這種衝動，不問其爲名譽心的衝動或爲社交性的衝動；又以爲：國家觀念，是由理性構成的，這理性不是社會理性，實是「個人理性」。到了最近，哲學觀念的根本見解；

是想由「全體的理想」而構成國家觀念。據後者的見解：把國家當做是一種大有機體，在這有機體內，必須實現法律，道德，及政治的自由，而且國民在國法上，必須服從他固有理性，與人類理性的自然法。這就是理性萬能的見解(Sapienti sat)」

其間，馬克斯又把費兒巴黑的諸著作，如一八三五年出版的小册子，「反黑智爾論批評」(Kritik des „Anti-Hegel")，哈勒(Halle)年鑑上的各種議論，一八四一年出版的「基督教的本質」，(Das Wesen des Christentums)及一八四三年刊行的小著作「未來哲學的諸原理」(Die Grundsätze der Philosophie der Zukunft)，過細的研究了。所以他這種觀念，越發深沈。費兒巴黑的諸著作的見解，都說：一般意識，不是社會存在的原因；反之，人類意識，到是人類存在的結果。因此，馬克斯給露格(Ruge)的信（一八四三年九月）中說道：

「如果我們想改造意識，就必須使世界全體，認識世界意識，使世界自身，要從迷夢中覺醒；而且把世界固有的行動，說明給世界知道。我們的一切目的。和費兒巴黑批評宗教一樣，在于提出自覺人類的宗教和政治問題

因此，我們的宗旨，必須如是：——「意識的改造，不依據教理，必須分析那神秘的不明瞭意識，而表現于宗教或政治上面！」」

費兒巴黑的影響，更明白的表現于馬克斯的「黑智爾法理學批評」（Zur Kritik der Hegelschen Rechtsphilosophie 參照「德法年鑑」

Deutsch-franzoesische Jahrbuecher 一八四三年第七一頁）裏面了。他直率的說：

「反宗教批評的基礎，在于「人類創造宗教，不是宗教創造人類。」何況宗教就是人類的自己意識，及自己感情——人類或尙未得到這些意識和感情，或已得而復失掉的，——呢？但，人類並非立于世界外部的抽象物，人類的意思，是人類的世界，即是國家或社會。這種國家或社會，就產出宗教。換言之：產出顚倒的世界意識；因爲宗教是一種顚倒的世界。……

……宗教的貧困，對于某甲，是現實貧困的表現，對于某乙，是對于現實貧困的抗議　宗教是被壓迫動物的呻吟，又是無情世界的同情；宗教是民衆的興奮劑。」

但是，一八四五年出版的「神聖家族，又名，批評的批評之批評」（Die Heilige Familie oder Kritik der Kritischen Kritik）裏面，馬克斯把黑智爾的見解一部分，改訂爲費兒巴黑的見解，他說：

「黑智爾的歷史觀，以某種抽象的或絕對的精神爲前提。如果把這種精神，擴大起來，那末，人類不過是意識的或無意識的，支持這種精神的羣集。所以，這種精神，必定會使經驗的，公開的，歷史內部，生出思辨的隱藏的歷史來。如果照這樣，那人類的歷史，豈不是變成了抽象的，或非現實人類精神的歷史嗎？……

……據黑智爾的見解：歷史的絕對精神，淵源于羣衆。而哲學裏面，就有和絕對精神對應的表現。這時候，哲學者不過是一種器官（Organ），他的作用，就是意識那運動經過後，創造歷史的絕對精神能了。哲學者對于歷史的貢獻，在于他這種追加意識。因爲現實運動，是把絕對精神，無意識的實現的。因此，哲學者是運動經過後，才能够發生作用的器官。

黑智爾犯了兩種毛病：第一，因爲他爲着絕對精神的存在，去說明哲學，而却不爲絕對精神去說明現實哲學的個人。第二，因爲他以爲：絕對精神，只是表面上創造歷史的絕對精神。絕對精神，當然就是創造的世界精神。這種精神，要經過之後，才能意識於哲學者心坎裏的。所以絕對精神創造歷史的事情，只能够存於哲學者的意識，意見，及表象裏面，或只能够存於思辨的想像裏面。」

恩格斯在他的「費兒巴黑論」裏面，證明：他和馬克斯，極熱心贊成費兒巴黑的哲學。他們兩人，雖變了費兒巴黑主義者，但並沒有完全和黑智爾分離。他們最初，因亞諾爾特露格（Arnold Ruge）在「寓言」（Anekdota）標題之下出版的著作公刊，就讀了費兒巴黑的「對於哲學改革的暫定論綱，」Vorlaeufige Thesen Zur Reform der Philosophie）；再則，一八四六年秋，讀了「宗教的本質」之後，（參照一八四六年八月十九日馬克斯由巴黎寄給恩格斯的信，「馬克斯——恩格斯書翰集」第一卷，第二三頁。）他們的歷史觀，才到達了某種結論。而且「暫定論綱」的反黑智爾文體很鋒銳，對於他們的影響，比「宗教的本質」的還要大些。他們在「宗教的本質」

裏面，沒有發見比「基督教的本質」還要進步的見解。因此，恩格斯在前述書信中說：這本新書．是「從舊長靴中取出來的材料」。

其實，費兒巴黑的「對於哲學改革的暫定論綱」，已經包含了馬克斯的「關於思惟和存在的聯繫」的見解全部。即思惟和存在的聯繫、業已表現於他的有名的「經濟學批評」序言裏面。他說：「人類的意識，不能決定人類的存在，而人類的社會的存在，反能決定人類的意識」（參照本叢書第一種「馬克斯的經濟概念」第一章第四頁——譯者）現在把費兒巴黑的「暫定論綱」裏面的幾段，引用如次：

「黑智爾的絕對精神，不外是一種抽象的，從精神本身分出來的，所謂有限的精神，正和神學上的無限，不外是一種抽象的，有限的，觀念一樣。……

……思辨哲學從前的思想順序，是從抽象的，推論到具體的；從觀念的，推論到實在的。所以，這哲學的順序是顛倒了。如果照着這種順序推論，決不能達到客觀的眞正實在。只能達到牠固有的，抽象的實在。因此，決不能達到精神的眞正自由。因爲，人類如果直觀事物和存在者的客觀實在性，就可以使他自由，並且免却一切偏見。從觀念的推移到實在的，是實踐哲學的思惟方法。……

……思惟和存在的眞正關係，就是以存在爲主，思惟爲客。思惟從存在發生，而存在決不會從思惟發生的。存在是從自己發生，並且依自己而存在的。存在只能依存在而增加；存在的根據，就是在存在的裏面。因爲，只有存在，是有意義，有理性，有必然性，有眞理；約言之，是一切的總和。存在是有存在的。因爲，非存在，就是沒有存在。約言之，就是空虛，就是無意義。……

……思惟和存在的統一，遭了破壞的時候，再則，我們依抽象方法，先把「存在」的精神，或把牠的本質取掉，然後再從（存在）取出來的本質中，找尋這種本來的空虛存在的意味和根據的時候，而且只限於這種時候，存在是從思惟發生的。正和我們把世界的本質，和世界分離，然後再立論世界是神靈創造的，而且必須神靈創造的一樣。……』

馬克斯的歷史理論，祖述了這種因果解釋。但他並沒有否定：「從思惟決定人類行爲的事實。馬克斯的歷史理論所主張的如次：「從思惟發生的觀念，不是第一次的，也不是所謂精神自由的產物；反之，思惟的形態和傾向，到依社會的存在，即社會的生活過程而決定；所以，觀念體不外是社會生活用觀念表現出來的實在；或是恩格斯所謂：社會關係之觀念的反射罷了。」

因此，那觀念要素的作用，決不能否定的；但據馬克斯的見解，這些東西不是自己獨立的，實是依附於社會共同生活，而且是歷史經過連鎖上的因果媒介物。

依此，「觀念依社會存在而決定」的學說，馬克斯雖然受了他的影響，但決不是馬克斯的精神的財產。我們又不能說：馬克斯的歷史理論，是本來根據費兒巴黑而來的。因爲，費兒巴黑除了本質上「存在是主，思惟是客」的見解以外，沒有更進步的思想。

費兒巴黑的哲學，是批評黑智爾，而和他分離，及排斥他而樹立的。但，在社會哲學範圍內，費兒巴黑並沒有從精神方面壓倒他。費兒巴黑不唯不知道以黑智爾的辯證法爲出發點，並且只固執「社會的存在」的概念。他並沒有闡明這種社會存在，從什麼地方來？有什麼根據？及怎樣的發展？他的思想，不出乎他「暫定論綱」的定義。那定義上，「可視爲存在的存在本質，就是自然的本質，時間的創造，只影響於形態，而不及於自然的本質」。至於「把世界當一種過程，解爲一種不斷的完成歷史的材料、而且思想上把自然和社會分離，卽把自然環境和會社環境分離，把人類一部解爲自然存在物，其他一部做爲社會存在物，」這種見解，是費兒巴黑所夢想不到的。費兒巴黑以爲：人類只是自然存在物；換句話說，是：「自然的一部分，存在的一部分」。所以，人類的本性，是依自然而決定的。因爲，費兒巴黑不把人類看做是社會存在物，那人類的本性，也當然不是由社會發展而決定的了。不錯，費兒巴黑也曾說過：「原來從自然發生的人類，不過是純粹的自然存在物，並不是什麼「人類」；所謂「人類」，是人類（社會）的產物，又是文化或歷史的產物：」但這不過是一種偶然的，精神思想的感觸，對於他的「人類」解釋，還是不能發生什麼影響的。

因此，費兒巴黑當然沒有在社會裏面，發見人類（感覺的）活動之歷史發展的產物和人類生活勞動的成就。不錯！據費兒巴黑說：「人類的本質、只包含於共同狀態裏面，或人類和人類的統一體裏面。」即人類是自然存在物，同時又是種族存在物。但，他這句話，並沒有說到：人類的本性上、同時又是依社會發展而決定的本來社會存在物。所以，他的見解，就變了把人類看做永久的眞正人類的存在者的假想了。而且他的「未來哲學的諸原理」中，有次記的一段：——

「藝術，宗教，及哲學等，不過是眞正人類的存在者的現象或表示。人類，——完全眞正的人類，——不外是美學的和藝術的，宗教的和道德的，及哲學的和科學的意義的所有者。一般的人，不外是本質上，沒有從他自己除開那人類要素的存在者罷了。」

馬克斯和恩格斯，完全從別種方法，創造他們的歷史理論。他們雖採用了費兒巴黑的唯物思惟說，但同時又繼受了黑智爾的辯證法。即把辯證法的過程，從概念自己運動的範圍（領域），延長到社會的物質發展運動去。但是，他們又從「人類不獨生活於自然裏面，而且生活於社會裏面」的事實考察，把自然存在物的人類，和社會存在物的人類區別了。那費兒巴黑所謂眞正的人類，在他們兩人，只不過是一種哲學的構成。人類的眞正本性，也是一樣。現實的人類，就是在社會內部，和他人協力勞動的歷史的人類。所以人類的本性，是變動不居的，是以歷史發展爲前提的。因此，人類的宗教和審美感情，和所謂利己的及博愛的，社會的及反社會的，道德的及不道德的，衝動相同，不是人類本性的生成物，不是永久不變的，實是變動不居歷史發展的產物。所以，如果單只在人類本性上，去求宗教的解釋，那麼只能說明本性的發端罷了。因爲，這種本性，必須在他的歷史生成過程上去理解他。

馬克斯和恩格斯，在前世紀的四十年代中葉，差不多已經到達了人類本性的歷史解釋。他們兩人，雖對於費兒巴黑，表示十二分敬意，但，不久，也對於他所說「抽象的」眞正人類的「想像」反對起來了。

恩格斯一八四四年十一月十九日給馬克斯的信裏說道：（「馬克斯及恩格斯書翰集」第一卷，第七頁。）

『斯替爾奈（Stirner）氏不滿意於費兒巴黑所說的「人類」，——至少也不滿意於「基督教的本質」上面所說的人類，——

是不錯的。因爲，費兒巴黑所說的「人類」，是由神創造出來的。費兒巴黑的思想、是從神到達人類。那麼，「人類」不管他三七二十一，還是有神學上的聖光的外觀。但是，達到「人類」的眞正途徑，却又和以上的情形完全相反。我們必須從「自我」卽從經驗的有形的固體去考察，又不可像斯替爾奈一樣，到那裏就中止。必須更進一步，達到我們所要求的「人類」。如果「人類」不以經驗的人類爲基礎，就是幽靈了。約言之：如果我們的思想、尤其我們的「人類」，要達到一種眞正實在的東西，那麼我們必須從經驗論和唯物論去考察。我們必須從個別的，演繹普遍的，不可從物的本體，或從黑智爾所說荒唐無稽的東西，演繹一切。」

馬克斯一八四五年於費兒巴黑的「基督教的本質」裏面所添加的傍註，把費兒巴黑的見解，批評的更爲明瞭：

「費兒巴黑把宗教的本質，包含於人類的本質裏面。但人類的本質，並非存於個別的個人內部的抽象物。人類本質，在他的現實性上，就是社會關係的總和。

費兒巴黑沒有達到這種現實的本質，所以：

（一）他從歷史的經過中，把宗教做爲抽象的但固定宗教心情的本體，並且不得不假定一種抽象的，孤立的，人類個體；

（二）其結果，他就把人類的本質，解爲「種族」．換言之：把多數個人，當做自然結合的內部沈默的普遍性。

因此，費兒巴黑不知道：「宗教心情」這個東西，就是社會的產物，更不知道：他所分析的抽象的個體，現實上，是從屬於某種特定社會形態的。」

馬克斯和恩格斯，攻擊費兒巴黑的非歷史的抽象，以人類爲歷史發展的產物；同時，又從經濟方法裏面，發見（社會）存在的基礎。經過了這些階段，才達到他們的唯物的歷史理論。

第八章　經濟事實變爲觀念要素的過程

恩格斯怎樣的解釋經濟事實轉變爲觀念要素的過程呢？——觀念是取決於經濟方法然而是怎樣決定的呢？——雖說觀念取決於社會構造但不能說一切人類都是因知覺印象相同而思想見解也是相同——要之因果解釋依經驗範圍如何而有根本的差異——但在文化幼稚發展階段上研究相異民族的觀念是極爲困難的事情——依據唯物史觀：各個經濟要素和該要素的複合物不是決定觀念的東西而決定觀念的乃是歷史的經濟構造全體

然則，經濟事實，怎樣的就轉變於觀念的歷史要素裏面呢？馬克斯完全沒有討論過這種問題。恩格斯雖在「費兒巴黑論」裏面，詳細說及，但也不過是表面上的議論。徵恩格斯的見解：從經濟發展過程，就發生種種生產關係。（經濟交互關係；）這生產關係的總和，就表示某種社會的存在，（某種特定社會組織；）這種物質的「現實性」，在社會構成員的思惟過程上，就轉變爲種種表象和概念；而這表象和概念，更精確的考究起來，又不外是這種「現實性」的「映像」罷了。雖然，這種「映像」，也不是和該社會的物質生活諸關係，完全對應的；爲什麼呢？我們假若參照恩格斯給麥林（Franz Mehring）的信，就可以知道了。（見麥林著「德意志社會民主黨史」第二卷，第五五六頁。）據這封信的意思：觀念是一種過程，卽是依思想家的意識而實現的過程；又有時依他的錯誤的意識，也能夠實現的過程。這就是「思想家有時想像錯誤的或表面上正確的衝動力。」思想家把他自己所想像的思想，不假思索的認爲正當；於是，把這思想，當做材料，而在他的上面，加上思索，不更進一步再去研究那與思惟獨立的遠方的過程。這種事實，在他認爲是很正當。因爲，「一切行爲，都以思惟爲媒介，所以他以爲：一切行爲，究極上都是根據思惟而實現的。」因此，某種特定社會的觀念，常常含有無數想像的要素，（種種錯誤的思想）。此外，還含有前代傳來之觀念的殘留物。因爲，「一切思想家，「已經在科學範圍上，發見了和前代獨立構成的材料，而且在代代相傳的頭腦中，成就了一種獨立的特別發展過程。」此外，種種觀念複合體，又互相反應，互相影響。

社會上，各時代的精神映像，雖說含有想像的要素，但從他的樣式看來，他還是取決於經濟發展，和由經濟發展所發生的社會關係。即精神映像，構成所謂精神的環境，或精神和感受性的環境。個人生長於這種環境之內，因他們在社會上的地位不同，而有他們各自的印象，感覺，及直觀。

恩格斯這樣的註解唯物史觀，是很值得世人注目的。如果有人把恩格斯的註釋，和馬克斯及費兒巴黑的比較，說：這是補他們的不足的，那麼，恩格斯的意思就必定以爲觀念是取決於經濟方法的。恩格斯以爲：經濟關係，同時又是社會和法律關係，因此社會關聯的特殊複合體，即某種特定社會統制組織，無論什麼時候，都是經濟發展的產物。個人生於這種社會統制組織裏面，又長於這種組織裏面；他在這組織裏面，起初是自然存在物，然後漸漸的變成社會存在物。因此，這種社會環境，就構成和社會生活有關係的他的思想基礎全部。從這社會環境，就生出社會構成員的知覺，印象，直觀，及表象等一切思想內容。因為，一切思想，究極上都和直觀有關係，或和表象，對象，有互相關係。但是，社會組織，不僅只把它所有的特殊社會觀念材料，供給於各時代；人類對於社會狀態，並非立於純反射的地位，即並非不注意的觀察這種狀態，他的生活條件，和社會密切地結合；所以，那社會組織，又把它所有的社會思想問題，和解決這問題的觀念的手段，供給於各時代。因為，思想家想解決這問題時，總是根據社會環境所給他的認識和經驗，而開始工作。所以，馬克斯有一句很有名的話，說：「人類，只是提起那「能够解決的問題」，（這不外是社會問題的意味，）因爲，一切問題，正確的觀察起來．大概都已具備了解決他的必要的物質條件，或至少也在那條件的生成過程之中，才能發生的。』（參照「經濟學批評」序言，——譯者。）

但是，所謂社會構造決定觀念，決不是說：同一的知覺和印象，對於一切人類，都能引起同一的思想過程，並且必定誘導一切人類，歸於同一的見解。客觀的世界，不但存於我們的外部，而且存於我們的內部。因此．人類在感覺或思惟時，不是和客體對立的主體，實是和主體對立的客體。費兒巴黑說得好：「客體不但是感覺的對象，而且是感覺的基礎，感覺的條件，或感覺的前提。」因此，感覺，直觀，表象等的樣式，不但是取決於客體　又是取決於感覺者及直觀者的主觀性，或他的心理的。有了某種知覺的野蠻人，就把那知覺，根據他的特別認識階段及經驗範圍，實行整理，而判別一切；和那知覺了同一事物的宣教師，或探險家所判斷的，完全是另一種表象及思想。在宣教師或探險家方面，如果有人把時辰鐘給他們看，他們决不會承認：這時辰鐘裏面，有什麼精靈或怪物隱藏着；因爲，他雖不知道這鐘的機械如何構造，但根據他自己的經驗範圍，老早就知道：時辰鐘是由發條等物組合而成的。反之，在野蠻人方面，一看了時辰鐘，就想到那裏面藏着什麼怪物。旅行家看見土人的足或腕上的癰腫物，馬上就會知道：這是由血成分充積起來的毛病。但，土人就以爲：這是石頭或土塊作祟，可以用符咒除去。其次，起初到外國商埠上陸的坡里內西亞人所受的印象，和同時上陸的漢堡（Hamburg）人及布勒門（Bremen）人所受的印象，當然不同。所以，他的腦中所產出的表象，也當然和他們的相異了。

尤其是因果解釋，依經驗範圍如何，而有根本的差異。原始人大概不假思索的，把時間的先行者，認爲後行者的原因。而且以爲同一的原因，不必一定發生同一的結果；只要有數種，或甚至一種原因，就硬把他推定爲某種結果的先行條件。例如，野蠻人打魚的時候，有個姙婦，正在他們的活動中通過，或接近他們，因而沒有獲得魚類，他們就簡單的決定：這姙婦是使他們不能得到魚類的原因。最初，他們這種推定，只是限於一種情形之下，但如果再經驗了二次，或三次，這種同樣的情形，他們就必定會斷定的說：一一般的姙婦，都有趕走魚類的特質，所以打魚的時候，絕對不能令姙婦看見。」

所以，在相異的發展階段及相異的國民階級上，縱然有相等的知覺，也可以發生完全相異的思想過程。（即知覺雖然一樣，而思想就各不相同。）因此，要從異民族的經濟生活，說明他的觀念，——尤其文化幼稚階段，民族的觀念，——是很困難的。因爲，研究者是否有棄却自己的經驗範圍一部，而和該民族的經驗範圍思想一致的能力，實屬疑問。這是研究原始民族心理學的人種學者都知道的。現代人總是根據自己的經驗範圍，用「文化眼鏡」來觀察事物。所以他們考察野蠻人，比他們考察文明人的困難，何止倍蓰？他們考察文明人的事物，是毫不費力的。他們考察文明人，可以適用同一概念；文明人的風俗，習慣，對於他們，是當然的，是顯然的。例如摩爾根（Morgan）及其他研究家，着手研究原始親族關係的時候，誰人也不會攻擊他們，說：「他們不應該把野蠻人的父，子，孫，等的稱呼，和我們的稱呼，（卽父，子、孫，等的表象，）單純的結合；因此，他們又不把這種稱呼，當做年齡階級關係的表現，而把他當做生殖關係的表現。」

因此，如果有人說：「各個相等的經濟事實，雖然在氣候不同，發展階段相異的地方，都常常產生相等的各種表象（現象），例如，木綿織物業，輸入於阿那托力亞（Anatolia）之後，該地方的這種產業部門的勞動者，也和索克森（Sachsen）亞爾薩斯（Elsass）的織工相同，必定有同一的觀念，」這是何等矛盾的見解！唯物史觀決不是這樣的。各種經濟事實，或經濟事實的複合物的本體，並不是決定觀念界的發展的；反之，歷史的經濟構造全體，依他的種種交互關係，即馬克斯所謂「生產關係的總和」，就可以決定觀念的發展。

第九章　利益和觀念體

社會構成份子對於社會的組織不是毫無關係的第三者；對於構成社會生活有某種利益——個人利益團體利益物質的利益精神的利益——馬克斯果然說過：「個人利益或純物質的利益決定個人的見解」嗎？——馬克斯之所以把他的歷史理論定爲「唯物史觀」的理由——馬克思底社會學上個人利益共同狀態利益和社會利益的關係——觀念體不是社會利益對立的反射也不是取決於利益衝突的東西——利益本身一般取決於生產關係——利益是存於經濟的生活條件和觀念體之間的中間要素——馬克思批評家所提

出的不通的問題——社會主義歷史家比爾佛德·巴苦思(Belf-ort-Bax)的誤解——考茨基(Kantsky)對於巴苦思的反駁——對於考茨基批評的批評——以天國的觀念神的觀念等爲中心證明利益對於宗教觀念體的作用——"Achtzehnte Brumaire"上面所述的馬克思的見解

但是，經濟發展的結果，要在社會環境供給社會構成員的直觀和表象的基礎時，那經濟發展，才能決定社會構成員的觀念。不但如是，各個人在他生活活動中，感覺到和社會相結合時，那經濟發展，也可以決定社會構成員的觀念。個人對於社會的組織，並非立於無關係的傍觀者的地位。他必須參與社會生活，加入社會交互關係裏面，故而對於社會生活的構成，總有某種利益。但，這種利益本身，也是形形色色的。他或許是純粹個人的利益；又或許是團體利益，（例如，家族，部族，職業，身分，階級，自治團體，國家等的利益。）利益的種類，多少也影響於個人對於社會問題及事故的解釋，和個人內部的地位。再則，這種利益，也不一定限於純物質的現實金錢利益。因爲，他也許有時是藝術的，審美的，道德的，宗教的利益。這些利益，又可以決定個人和團體對於社會生活諸現象的見解和態度。例如，某種法律的改正，有因顧全他的收入，或他的身分特權，恐感受危險而努力反對的；有因法律改正的結果，依某種特定社會階級的法律，那勞動的快樂或道德，將要完全消滅，而努力反對的；有因這種法律改正中，教會的統制權，隨受制限，而努力反對的。……

「好出風頭」的唯物史觀批評家，往往主張說：「馬克斯說過：單只個人的利益，而且是純物質的利益可以決定個人的見解。」這是何等沒有根據的主張！據馬克斯的見解：他所以把他的歷史理論，定名爲唯物史觀，並非因爲人類的行爲，只有物質的動機，實是因爲社會的物質生活過程，是社會精神生活的基礎。個人的一定見解和行爲，受個人的物質利益的影響，確是不錯；但並非什麼時候都是這樣。馬克斯底社會學，不僅論及世界中個人和社會間的相互關係，及個人利益和社會利益間的矛盾。個人和社會間，尙有種種共同狀態，（例如家族，國民，職業，階級，國家，等共同狀態。）以前屢屢說過。這種共同狀態，都各有他自己特殊的往往超乎個人的共同狀態利益；而且個人中，因維持共同狀態利益，就把自己的利益犧牲，也是有的。例如，勞動者參加罷工，與其說是爲自己個人的利益，毋寧說是爲勞動團體的利益；宗教信徒有不避一切迫害，而信奉該教的，也是爲教會團體的利益；又或愛國者樂就義務兵役，他自己對於軍隊，雖無什麼利益和特殊好感，但他以爲要擁護他的祖國的威名，權力，和偉大等，就必須遂行這種犧牲，這也是爲國家利益而犧牲個人利益的實例。

又別種動機，也可以作個人行動的根據。例如，上述宗教信徒的行爲，或因普度的虔念，或因圖謀教會的職務，或想把自己的姓名，標於教會的殉教者史上等，都可以決定的。但是個人把自己的特殊利益做共同利益的從屬品，或把個人利益爲共同狀態利益而完全犧牲，均不能否定的。所以馬克斯批評家，以爲只要舉出加特力教的殉教者，或個人對於身分，階級，乃至國民的犧牲，就可以否定馬克斯的歷史觀，這却是證明他們完全沒有懂得馬克斯的歷史學了。

又有人說：『馬克斯的意思，是：一切觀念體，都不過是一定社會利益對立的反映。』又有人說：『經濟關係，在社會內部惹起利益衝突；這種衝突，結果還可以決定種種社會階級的觀念的。』這兩種都不是馬克斯的見解。各種利益，往往因堅決的方法，影響於社會構成員的思惟和意向，誠然不錯。但是，單只這種利益，決不能決定一時代社會的觀念內容全體。這種社會的觀念，多半反是和利益鬥爭，毫不相關的。

不但如是，無論其爲個人的利益或團體的利益，決不是獨立的，乃是以生產關係爲基礎的。利益本身，常依經濟生活條件的性質，而決定他的特殊性。社會的和自然的環境，對於社會構成員的表象範圍和意欲，都有作用；利益又能够在一定的方向，影響於這種作用。所以，利益是活動於經濟生活條件和觀念體的中間要素了。農民和勞動者，所以各人追求各人的利益，正因爲他們是立於相異的經濟複合體內部，而且以相異的方法，把他們各人的生活條件，和生產關係全體結合。總之，經濟方法是原因，而個人和共同狀態的特殊利益，不過是這種經濟方法和個人及共同狀態的特殊關係（或特殊結合）的結果罷了。

因此，如果某馬克思批評家，把經濟的生活關係和經濟利益，——恐怕和個人利益，——潦草的混同，提出一種要求，說：「馬克斯主義者諸君！你們可以把各個宗教觀或哲學觀，例如，各個原始基督教共同團體的一千年說的希望，或聖母瑪利亞的崇拜，如何從經濟的自己利益發生的事實，證明給我們嗎？」那他們就把內部的關係，糊裏糊塗的弄錯了。他們的質問，應該改正如下：「那歷史的現象，和一定的見解，怎樣的會發生關係？又這種見解，依當時的經濟方法，決定到何種程度？」

但是，不僅自由主義歷史家，提出上述的質問，卽社會主義歷史家，也提出這種質問。例如，英國社會主義者比爾佛德巴苦恩(Belfort-Bax)，在一八九六年維也納的週刊雜誌「時代」上，發表一論文，名「唯物史觀」的，說明當時代變遷，有時「觀念的」要素占優勢，又有時「物質的」要素占優勢；並且發問道：「在基督教的最初期間，什麼地方能夠發見「物質的利益？」在最初六十年，基督教的發展期間，那物質的條件，豈不是只是從屬於別的條件的嗎？」

當時，考茨基就在「現代」雜誌上（一八九六——九七年第二卷第六五八頁，）和他辯駁起來，考氏說：

「唯物的歷史家，在什麼地方，曾經主張：人類單只依物質的利益，即依利己心而決定他的行爲呢？巴苦思氏把構成個人行爲的意識動機的物質利益，和某種特定社會，或該社會構成員的思惟和感情，所由根據的物質條件，混做一起，這是何等謬誤的見解?!

此外，還有一個混同，和以上的混同一起，而構成巴苦思的誤謬。巴苦思把個人的物質利益，當做和社會的物質基礎同等的東西，所以他把前者，即利己心，改變爲作用於人類的外部要素，和心理學上的內部要素對立。但是，利己心和義勇、無私、信仰、等相同，都能算爲內部的或心理學上的要素，毫無疑義。所以如果巴苦思發見人類有時因利己，有時因別種動機，而行爲的事實，那末，他就因此不能證明他所欲證明的事實，——即有時是物質的條件，有時是觀念的條件，支配社會；——反足以證明：種種社會形態上，心理的誘因，是各各不同的事實了。因爲，他的錯處很多，故而在他認爲是已解决的問題，但實際上還是正待解决的問題。爲什麼羅馬帝政時代的人類，只想隱逸林下，或渴望天國幸福，或感覺國際的平等，或認識一切基督教的特質標識呢？」

考茨基的話，不能說一句不錯。例如，利己心和物質利益，並非完全同樣的。此處所用的物質利益，當然是從經濟地位發生，而影響於個人意向的運動要素。反之，利己心是從這種影響所發生的特性。除了這種概念上的混同以外，考茨基的意見，可說是完全不錯的。即所謂利益，並非自己獨立的外部要素，乃是經濟方法所根據以爲決定觀念的中間要素。而且這是在因果的種種作用中，可有可無的要素。換句話說：某種特定社會環境，雖無利益的協力，也可以發生一定的表象。

我們試從宗教觀念的範圍內，引一個實例來證明利益的作用。野蠻人在他們的傳說中，把天國，即靈魂遊離的地方，當做什麼地方呢？我們試一考察，就可知道：南洋諸民族，一般以爲天國在遠島上，或海底；新幾尼亞（New Guinea）內地的山地諸部族，以爲天國在高山上；他方，北亞美利加內地的印度人，以爲天國在遠地西方雲霄上，或在地土中。再則，坡里內西亞人大概以爲靈魂國就是太陽光線所照的，以美麗的花裝飾的椰子國。反之，北亞美利加印度人，以爲天國是野獸成羣的大平原，（即神聖的狩獵地），或野獸豐富的原始林。這些事實，足以證明他們想依各種想像，——自然環境供給他們的想像；入於他們的表象界的想像；——而誇張或理想他們自然環境的美，和他們所感覺有益的，或快樂的，自然環境的特性。夏威夷(Hawaii)島住民所想像的靈魂國『Tiairi』裏面，白色的 Gardenia（梔子花），黃色的 Buablute（一種特別花名），暗褐色的Crimson（同上）等花，都比凡界開得分外好看。Paudanus（一種特別樹名）樹所結的果實，總是黃金色；而且上界充滿了住民所嗜飲的美酒。同樣，在「Rohutu noanoa」——在「Ra iatea」山上的，塔希提（Tahiti）人的，「馥郁的空界，」——上面，景緻都比下界平地的分外美麗；蒼天總是青的，尤其太陽，無時不現出微笑，和這靈魂國親熱；但，因爲時有涼風吹來，故而毫不覺熱。北亞美利加印度人的靈魂國，——大狩獵地，——比下界的野獸，不知多幾倍；故而狩獵所得，也比下界所得的分外豐富。

我們又可於民族的天地創始傳說裏面，發見：自然的觀念材料影響於表象界的事實。南海的島民，常常眺望圍着島的洋洋大海，而且每日在黎明中，就看見了其他諸島的海岸，也是浮於海中，故而他們就以爲：世界的最初，就是一片洋洋大海，其後所謂陸地，是有力的神靈（或怪物），把海底的土塊撈上而成的，或大洪水把遠方的土塊冲來堆積而成的。又或天崩的時候，跌了些碎片在海中，而形成他們的小島。因此，他們以爲：最初，神所創造養活人類的動物，就是魚類、甲殼動物、和水禽等。

經營牧畜的沙漠民族，他們的天地創造思想，又是另一樣的。他們不知有海，又不知有繁盛的島生植物及海棲動物。據他們的見解：世界最初，是一塊廣漠沒有植物的不毛之地，是荒涼空虛的沙漠。造物主使雨水降下，或從大地間浚通河流之後，那沙漠才部分的變爲草藪地方；再在沙漠中開鑿水池之後，那沙漠中才發生肥沃之地（Oasis）。他們以爲：最初造物主所創造養活人類的動物，就是羊、山羊、牛類（因該部族的牧畜種類不同，而動物的種類亦異。）等。

東部阿非利加馬生(Masai)族的天地創始傳說，也是一個適當的實例，如今把他引用如下：

「最初，大地是荒涼寂寥的乾燥沙漠，一種龍，名Nenauni的，監視着牠。有一天，部族的祖神，名叫Ngai的，從天界降臨，把這龍征服了。從龍的肉體中，流出多量的熱血，潤澤了土地，因此，乾燥的沙漠中，馬上就發生了可寶貴的膏腴地(Oasis)。其後，Ngai又創造了日、月、星辰，又造了最初的人類，（姓氏不詳）即馬生族的始祖。Ngai在天界造了男子名Maitumbe的，把他拿到地上，又在地上造了女子，名Naiterogob

的，（馬生族的男子，比女子尊貴些的道理，在於此。）Nga指定因龍血而繁茂的膏腴地，作他們兩人的住所。因爲他們不聽指揮，故而把他們送到沙漠地方去。但，沙漠地方沒有什麼果樹，足以養活他們；於是，他又把家畜給他們，使他們從事牧畜。他把大牛的皮切斷，作些繩索，把牛、驢、山羊等牽到地下來。但，他最初不肯賜下山羊，後來祖先等極力哀求，才把山羊送下來了。因此，馬生族才得保有他們的家畜。最初的夫婦，生了子女，子女又生子女，代代相傳，馬生族不久就成爲大國民了。」

他方面，天國上那些神靈的經營，即他們的生活方法、工作、和他們的道德等，都不外是該民族地上生活的幻想的反映。例如，東南幾尼亞巴布亞（Papua）人所想像的天國「Idu」，那裏面所居的神靈，和他們地上的子孫同樣，也組織了血族結合體和村落團體；又和他們地上的子孫同樣，也在他們的栽培地上勞動，以求獲得豐富的產物，而開盛大的宴會。此外，神靈們也跳舞，也戀愛；而且戀愛不一定是純潔的。性交，是他們一般的愉快；但這時候，也和地上的子孫同樣，遵奉同族相姦的禁止。這實是他們道德的最大特徵。天國「Idu」上的全生活，不過是地上生活理想化的模寫罷了。

在他種部族和他種地方，也是同樣。狩獵民族的神靈，也在天國狩獵；戰鬥民族的神靈，也用地上的方法，在天國舉行戰鬥的跳舞。這時候，他們也有負傷的，但卽時可以全癒罷了。階級或身分所構成的部族，他們的神靈，在天國也有階級或身分的分類。天國的階級，種類很多；例如，僧侶、酋長、及貴族、武士等類，那一般部族構成員中，則有卑怯者、犯罪者及追放者等類。

我們從各種部族的社會生活，和他的經濟條件，可以充分說明這種宗教觀念，甚至於可以說明該觀念的各個特徵。所以如果從某種特定個人的或團體的利益，來說明這種宗教觀念，那麼無論何人，都會碰着障碍。反之，如果那狀態和以前所說的不同，那麼我們又可以明白證明：一定利益，（共同狀態利益、和個人利益）如何的影響於宗教觀念了。但這利益，也不外是經濟發展所生的結果。

如果一部族的人民，從某種經濟狀況，轉移到他種經濟狀況，例如，從獵人生活，漸漸地移入農耕生活後，那神靈的形像，也就跟着變化了。從前，是獵神有獵神的職能，到了如今，旣變了農耕神，當然有和農耕相關的職能；並且有盡這職能的所屬性。從前，神的任務，如果是庇祐部族獲得豐富的狩獵物，如今，神的任務，就是保護耕地，促進植物的成長，如乾燥，則潤之以雨水，卑濕，則晒之以陽光。烟霧濃厚，則扇之以乾風，煖氣，這都是農耕神的任務。神世界的這種本質變遷，也不外是經濟生活條件變動的結果。但是，當這種變遷發生時，除了經濟條件以外，還有那轉移於新經濟形態的民族的某種共同狀態利益，也可以發生影響。原始民族，和他們的神的關係，差不多完全是利益關係，或「取與關係」。明白的說來：卽人類有供奉一定貢獻物於神的義務，而神則有保護及庇祐人類的安寧幸福的義務；尤其要使他們有得到食糧的義務。狩獵民族最重要的食糧，就是狩獵獲得獸類；因此，神的主要任務，也就是使野獸繁殖，以增加他們的食糧。但，如今既然漸漸地向農耕推移，則對於該民族的狩獵保護，當然失掉了經濟上的意義了。然則，停止狩獵生活而依農耕爲生的民族，將把狩獵神如何處置呢？這時候，民族的利益，當然要求神靈能够保護耕地和栽培的責任就對了。因此，這種保護的責任沒有委託保護的神以前，那從前的狩獵神，必變爲耕地神；否則發生新耕地神和狩獵神同時並存；久之，農耕神逐漸漸地代了狩獵神的位置了。

這種發展進行如何？古代祕魯已明白的告訴我們了。尤其是經營農耕的欽察蘇祐州（Chinchasuyu），當西班牙人尙未到該地以前，土人的血族神和家族神，都已變爲「部族所有地的保護者」

(Marcaaparacs)和『玉蜀黍田地的守護者』(Zaraconopas)了。

同樣，古代印度的神靈，——尤其是偉大的因陀羅(Indra)神——都有種種變化的。因陀羅在「里古費達」最古的讚美歌中，大概是包括許多高窩(Gau)及「血族」的大圖里司(Tritsu)部族的指導者及戰神；到了他變了「阿里安(Arian)族的和牡牛一樣有力的保護者」，征服了Dasyu即「黑皮膚」(德拉維達Dravida土人)，而且牧畜業越加發達之後，他又是「牛的主人」，「牛的增殖者」，又是「創造牝牛，使牛欄充滿了牛」的「牝牛增殖者」；到了農業愈加擴張發達之後，他的主要任務，又是護庇農作物的繁盛了。到了如今，他在讚美歌中，又變了偉大的「太陽支配者」，每朝繫兩馬於灼熱的太陽車前，把大太陽的球，沿着天空回轉，以祐庇經營農業的崇拜者。（註）。

（註）　參照 H. Cunow, Ursprung der Religion und des Gottesglaubens Berlin 1913 S. 155.

神的職能變化以後，供奉於神的犧牲物，也同時變化了。對於狩獵神或牧畜神所獻納的，是動物的血、腎臟、心臟、脂肪等，或獻納「特別食物」，如敵人、捕虜的血、心臟、或腎臟等；但是，到了如今，獻納農作物於這些神們，反覺更有意義了。獻納動物犧牲之外，還有獻納穀物、果物、酒、油、香菜等類的。因此，犧牲的儀式，都跟着變化了。在這種情形之下，某種共同狀態利益自己變動之後，跟着就影響於宗教的變革；但在他種情形之下，不用說，特殊利益，例如僧侶團體的利益，也有決定變化的影響。對於神的尊敬和神的崇拜，擴大了以後，神的奉侍者的權力也日見增加；又，供物增加之後，神的奉侍者、對於獻納物的分配，也跟着增加。因爲有這種利益，故而僧侶等遂利用這種迷信，以威嚇手段，如說「供物太少，就是不敬神靈，神靈將要惱怒」等，努力增加祭日和供奉物。他們的要求貫徹之後，不久，那供物的種類和分量，都變成習慣的，或傳統的。到了如今，一般的見解，都以爲使他們獻納一定犧牲，是神的傳統的權利。所以，如果他們想安樂過日，就必須那神不拒絕遂行這種權利。（即神若肯受他們的獻納，當然會庇護他們，使他們安居樂業。）

這種利益，——尤其各種集團利益互相衝突時，——當然沒有明明白白的表示是神的各種要求的基礎。第一，因利益關係者，有故意隱蔽他們利益目的的傾向；第二，因傳統觀念的解釋，包含於新目的觀念裏面；所以，利益關係者，往往只在觀念的或想像的形態上，意識他們的利益。這種原理，最適合於身分利益和階級利益。馬克斯在他的『Achtzehnten Brumaire』有下記的見解，是很正當的（第四版第三四頁）：

『我們在私人生活上，把『人類關於自己所想像所表現的東西，和他現實所做的事情』，互相區別；但是，我們必須更進一步，在歷史的鬥爭上，把黨的言論及想像，和黨的現實組織體及現實利益，互相區別；又必須把黨的表象，和黨的實在，互相區別。』

第十章　唯物史觀上傳統和天才的作用

「唯物史觀不承認天才和作用」的謬評是如何來的？——「經濟學批評」序說上馬克斯的意見——評論歷史上傳統的作用——評論歷史上天才的職能（功用）——斯坦麼拉教授的偉人觀——評駁錯誤的天才觀——對於倭丁(A. Odin)教授「天才的研究」的批評

馬克斯批評家多半沒有見到：在生產關係裏面，社會的人類間，有一種受社會支配的交互關係；只知道：那生產關係裏面，生產現象的各階段間，有一種機械的關係。因此，他們又不能理解：那社會關係，轉換於觀念形態的「轉換過程」，就是人類腦海中所發生的觀念變化過程，前已述過了。所以，他們的結論，也往往說：「唯物史觀，否定歷史上人類個性的意義，那麼當然也不承認歷史發生過程上，傳統和天才的作用了。」他們又說：「決定觀念的上層建築的，是那時候的生產關係，不是人類的精神勞動；因此，又不是前代的精神勞動所發生的精神要素和觀念的傳統。」

這種推論，是由什麼根據而來的呢？從前屢次說過，本無重複說明的必要；但爲讀者理解計，又不得不把他寫下。他們說：「經濟要素，對於觀念形態的作用是純粹「機械的」作用。據馬克斯說：經濟生活一有變化，那社會全體的道德、法律、宗教、等的觀念體，也馬上就跟着變化。因此，一時代的觀念形態，就是那經濟發展狀態的反映。」其實，馬克斯並沒有提出這種意見；只要把馬克斯的著作，稍爲一看，馬上就能够明白。我現在不憚煩勞，把屢次說過的「經濟學批評」序言的一節，再行錄下，——「經濟基礎，一有變化，那巨大的上層建築全體，（或觀念的上層建築）也或漸漸地，或急激地，跟着這種變化而變化。」因此，觀念形態，是伴着經濟變化而變化的；而且多半是「漸漸地」伴着這種變化而變化的。如果經濟一有變化，那法律觀和道德觀，馬上就跟着他變化，那麼某時代的經濟秩序和觀念形態的衝突——馬克斯常常說及底——豈不是不能够發生的嗎？

一社會的經濟狀態，甚至一狹小地方的經濟狀態，他的本身，決不是完全統一的，也決不是絕對平等的；換句話說：一切地方，決不是立於完全同一的經濟階段，或同一的經濟文化的。各國民的經濟生活雖各有不同，大概總在進步或落後的複雜經濟關係之間。所以有一部分的經濟生活，已達技術極進步的產業階段，而和他鄰近的他部分的經濟生活，還有在原始農業和落後的手工業階段的。我們把上述的關係一看，就可以知道：在這種地方，從這種狀態所生的結果，並非對於一切國民階級和職業範圍，都有平等的統一的概念上的影響；他們只有進步的觀念和落後的觀念罷了。

不但如是，新觀念範圍，決非從「無」中單純發生的。新經濟方法，並非從「無」中發生，實是從連續不斷的漸次變革的前代經濟方法發生的；同樣，新觀念的發生，也是依變化，或克服古代的見解，而和他結合出來的。因此，無論什麼時代，都有先代傳來的見解，或種種傳統，作用其間。例如，舊宗教的傳統，流行已久；

又因年代和習慣的作用，變了神聖的；而且和國民的感情生活，有密切關係，或變了有科學的體系之後，這種見解，當然很有支配人心的作用。宗教觀和禮拜行爲兩者，互相聯結，而成爲鞏固的體系。如果有什麼習慣，傳到這體系範圍以內，馬上就會被他同化。換句話說：這種體系把從前的通常儀式和基礎，從論理上擴大他的範圍，或補他的不足。反之，一種新習慣，和舊宗教觀及儀式，不能調和時，他若要和現成物（習慣）相混合，就非適應變化不可。如果某種宗教本身，已有鞏固的體系，那種宗教對於抵觸他的體系的一切改革，都有封鎖力和抵抗力。但這也不外是程度問題。假若社會生活的動搖或變革，極其激烈，把從前社會的思惟全體，都從新改造，那末，宗教的觀念形態，也就不能抵抗而屈服於他的壓迫之下了。因此，新宗教觀，不僅不屈服於傳統的觀念旣成物下面而和他同化，那旣存的宗教習慣和他的基礎，反漸漸地適應這種新見解了。

實際上，馬克斯的唯物歷史理論，承認傳統是大有意義的東西。因爲，據這歷史理論的見解：歷史，是不斷的觀念鬥爭；借馬克斯的話來說：歷史，是「觀念的形態」上的階級鬥爭，卽是依各階級所意識他們衝突的諸觀念，（見解、論據、議論、及駁論等）而實行澈底的不斷的階級鬥爭。例如，在公開的生活上，反抗傳統的舊見解，而維持新觀念；如果這變革在人民中某部分發生效力，變成生產關係的觀念形成物，那麼這種新觀念，又必跟着發展，更依別種新觀念，而變更他的形態，卽被一種更新的觀念打破（否定）；

因此，觀念的更新是無窮的，」而新觀念又有更新觀念來改變（否定）他。據此類推，繼續不斷。這就是馬克斯所說的「歷史是觀念形態上的階級鬥爭」了。

還有一種主張，也是錯誤的。他說：「馬克斯的歷史理論，不承認天才和天才的影響，在歷史上占有什麼地位；因爲，假使一切時代的精神生活，都取決於社會的物質生活過程，那麼不惟不能理解：同一社會內部爲什麼有各種複雜的見解；並且不能理解：各思想家的見解，爲什麼超乎一般羣衆，而且感化羣衆，使那時代的精神，受他們的印象了。」

我把我以前說過的，再引用一下，以反駁這種主張。社會內部的個人，並非有同一的觀念範圍和經驗範圍；再別，他固有的存在，並非以同一方法，和社會存在條件結合；因此，不但各種身分、階級、職業等，都各有各的相異觀念，即這種集團內部的個人，都因他在集團和全社會內的特殊地位不同，而有他特殊的觀念。此外，直觀和表象，不唯取決於客體，並且取決於直觀者和反省者的主觀性，換言之：即是取決於他的特殊統覺力、綜合力、抽象力、及概括力、或他的天稟的。（參照「第八章經濟事實轉變爲觀念要素的過程」）所謂「天才」，不外是這種天稟程度較高的罷了。有天才的人類，是因爲他的神經系統有卓越的敏感性，故而比一般人的反省力較爲銳敏。（天才雖不是如龍波洛梭（Lombroso）氏所主張的一種神經病，但一般天才，都有強烈的感激性，差不多和顛狂相似。）即，天才把自己的觀念材料，過細研究，從根本上或分析或綜合這種材料；但這也要是在和他的特定的狹隘的敏感性接觸的範圍內，才能够這樣。據一般的觀察，天才的人，是極端的一面的；換句話說：他對於某種特定範圍，固然有一種銳敏的感覺力，但對於他種範圍的感覺力，就完全遲鈍了。這才說是天才的「局部性」。

雖然如此，但有天才素質的人，必定和該時代的思想感情有關係的。他的思想感情和那天稟較低的人相同，也是取決於他的環境、觀念界、及經驗界的。而且在他的時代，也會供給他種種問題，正和當時所供給他的同胞的一樣。他就依從前所經驗而得的手段，來解決這問題。他又深刻的在這問題裏面，仔細的去考究他，把他人不知道的，或知而不詳的關係和傾向，認識過了；總之，他的研究，在他的最狹的範圍內，要算高人一等了。因爲，精神科學的歷史告訴我們：無論怎樣天才，决不能知道超越他的時代的事實。因此，他的種種發見和推論，到了後來，被人糾正和駁倒，是不可避免的現象。

不但如是，所謂「天才的人」的學說，要在下記範圍以內，才能够在同時代找出贊成者。即那種學說，必須和在社會某部分的精神或物質努力方面，有作用的——或明或暗的——志氣或欲望適應，才可以找出共鳴者。因此，天才的學者和政治家，如果把他們的推論及要求，說得和時代要求隔離太遠，那麽他們不是被指爲狂妄，便是被斥爲誇張。詩人勒新（Lessing）說得好：『生存中和死後五十年間，如果被尊崇爲偉人，那麽實際就是證明他不是偉人』這句有名的格言何等切實透澈呢?!」

斯坦摩拉教授，在他的「經濟與法律」裏面，評論「偉人」，或歷史上的有力者，極為正當，如今把他所說的摘錄於下：

『偉人不能夠從「無」中創造社會的形成物。即，假若社會上沒有一定的社會基礎，假若他沒有從該基礎發生的一定努力，——再則他是否有無條件的服從命令的努力，——那有力者方面的作用和形態，與夫社會的變化等，都是空虛的。因此，他的存在意義，完全是依賴的，是依社會現象和創造社會現象的努力而決定的。單只他一個人，決不能實現法律秩序的變革或更改。即單只他一個人，決不能抵抗羣衆對於法律改革的一致要求。政治權力和強力，是命令者以統制社會而支配他人爲前提的。單只命令者一人，還不能够成立政治權力。實施這種社會統制的具體樣式和方法，與夫法律上被壓迫者對於支配者的關係的樣式和方法，又生出社會的現象。……

……那怕他有最高的天才，如果他不和一定社會現象結合，無論什麼都不能作到。此處所謂一定社會現象，是他的意義和地位的基礎，又是可以使他實行。而且決定他實行的社會變革的要素。但是，什麼個人間天賦的差異哪，由倫理和智性而起的個人天賦的分離哪，根據各種具體方面而分裂的個人的技能哪，……都是要在一定社會現象的前提之下，而且要做爲是特別的利用一定社會現象，才能够考究出來的。」

往往有人說：「天才不是和什麼時間關係，什麼生活條件結合，實是以猛烈的力量，打破一切障碍的。——這種陳套語，簡直俗不可耐！歷史上許多天才，雖然境遇困苦，但他們在科學上或藝術上的範圍，反可得公認的最高地位。但是，這種現象，就可以證明：那和天才相等，或比那天才還高明的人類，在他們的立身處世中，雖爲境遇所困，而可以成功的嗎？又或可以證明：這種人不惟不能達到一般天賦的發達，恐怕連天賦的認識都不能達到的事實嗎？有一種人，如果在特別的條件之下，依自己的天賦，也許可以造成和擺倫(Byron)及哥德(Geothe)同樣的人物，但他們因爲來自田間，連學校普通教育都未受過，每日肩鋤荷鍬的空過了一生！如果沒有天賦，那就無論用什麼教育方法，都很難把天才造出，這種見解，也許有片面眞理；但教育和生活關係，對於創造天才，有重大的意義，也是正當的。故倭丁（A. Odin）教授，在他的「偉人的由來」。Genése des grands hommes（二卷巴黎及羅散（Lausanne）一八九五年）裏面所研究的，可以證明這種事實。他很勤勉的研究這種天才的素性，從一三〇〇年到一八三〇年間，法國的一切重要著作家全體，共六三八二名，其中據倭丁氏的分類：天才一四四名，秀才一一三六名，中才的著述家五一〇二名。他又研究他們的祖先，是否盡是優秀精神的人，他們青年時代所受的教育如何？以及他們在什麼地理的、宗教的、及經濟的環境之下生長的？研究的結果，遂斷定他們受遺傳的影響很少，而社會的環境，反有決定他們一生成就的先兆。關於青年期的教育，也有影響。據他的報告：八二七名最優秀的法國著作家中，只有十六名是受了劣等教育的。他又說：從前法國貴族的天性優良子弟，他們變成偉人的機會，比那有同樣天性的手工業者的子弟，約計要多二百倍。同樣，最有名的六一九名著作家中，——如果正確的決定他們所由成長的財產關係，——在青年時代，過貧苦生活的只有五十七名。如果研究各世紀中這種關係的變遷，那是很有趣味的。在中世紀，貧苦人家的子弟，沒有受優秀教育的機會，因此，貧苦人若想名列朝班，簡直比登天還要困難。到了後世，貧苦人也有受良好教育的機會，因此，從貧家子弟而爲著述家者，一天一天的增加起來。一六五〇年以前，貧富子弟成爲著述家的比率，爲一九對一，到了一七七六至一八二五年間，他們的比率，就驟增爲五對一的比例了。

一七，八，二十日脫稿